하룻밤에 읽는
2016년 메이저리그

하룻밤에 읽는 2016년 메이저리그

발행일   2017년 2월 24일

지은이   이 강 원
펴낸이   손 형 국
펴낸곳   (주)북랩
편집인   선일영   편집   이종무, 권유선, 송재병, 최예은
디자인   이현수, 이정아, 김민하, 한수희   제작   박기성, 황동현, 구성우
마케팅   김회란, 박진관
출판등록   2004. 12. 1(제2012-000051호)
주소   서울시 금천구 가산디지털 1로 168, 우림라이온스밸리 B동 B113, 114호
홈페이지   www.book.co.kr
전화번호   (02)2026-5777   팩스   (02)2026-5747

ISBN   979-11-5987-439-0 03690 (종이책)   979-11-5987-440-6 05690 (전자책)

이 도서의 국립중앙도서관 출판예정도서목록(CIP)은 서지정보유통지원시스템 홈페이지(http://seoji.
nl.go.kr)와 국가자료공동목록시스템(http://www.nl.go.kr/kolisnet)에서 이용하실 수 있습니다.
(CIP제어번호: CIP2017004522)

(주)북랩 성공출판의 파트너

북랩 홈페이지와 패밀리 사이트에서 다양한 출판 솔루션을 만나 보세요!
홈페이지 book.co.kr   1인출판 플랫폼 해피소드 happisode.com
블로그 blog.naver.com/essaybook   원고모집 book@book.co.kr

108년 만에 우승한 시카고 컵스부터 ————————————
———————— 코리안 메이저리거들의 활약까지 총결산

하룻밤에   읽는
2016년 메이저리그

이강원 지음

북랩 book Lab

시작하면서

　책을 마무리하고 있는 2016년 말과 2017년 초의 대한민국 상황은 "지금 한가롭게 야구 이야기나 할 때냐?"는 말이 딱 들어맞는, 국가와 민족의 앞날이 한치 앞도 내다 볼 수 없는 비상시국의 한 가운데 있습니다. 새로운 미국 대통령 도널드 트럼프가 일을 더 복잡하게 만들기도 합니다. 이거 참….

　힘들고 답답한 오늘을 지나고 나면 과연 어떤 세상이 우리를 기다리고 있을까하는 궁금증이 머릿속을 떠나지 않습니다. 각자가 바라는 세상의 모습이 모두 같을 순 없습니다. 내가 꿈꾸는 세상은 많은 사람들이 '한가롭게 야구 이야기나 하는 세상'입니다. 2014년, 2015년에 이어 2016년에도 멈추지 않고 『하룻밤에 읽는 메이저리그』라는 책을 세상에 내놓는 이유는 그 때문입니다. 몇 명이든 '함께' 야구 이야기를 하고 싶습니다.

　나의 조국 대한민국도 큰 위기가 닥친 2016년이었지만 개인적으로도 건강에 큰 위기가 닥쳤던 2016년이었습니다. 건강이 얼마나 소중한 지를 새삼 깨달았고, 살아 숨 쉬는 가치를 절실하게 느꼈으며, 저를 다시 살게 해 준 생명의 은인을 얻은 한 해였습니다.

　대한민국이 위기이거나 말거나, 내가 병원에 누워있거나 말거나 메이저리그는 계속 되었습니다. 이게 얼마나 다행인지 모르겠습니다. 언젠가 좋은 세상이 왔을 때, 그대와 내가 한가롭게 이야기 할 야구는 멈추지 않고 계속되어야 합니다.

나빠진 건강이 하루아침에 완전히 회복될 수는 없다는 생각을 합니다. 내일 당장 모두가 웃는 즐거운 세상이, 정의로 가득 찬 올바른 세상이 이루어질 수는 없을 거라고 곱씹어봅니다. 하루하루 더 건강해지고 매일매일 더 좋은 세상을 향해 한 발자국이라도 나아간다면 더 바랄 것이 없겠습니다.

다시 내놓는 『하룻밤에 읽는 2016년 메이저리그』라는 책과 무슨 상관이겠느냐마는 2016년 시즌을 정리하는 이 책은 2016년 5월 피츠버그에서 제 생명을 구해주신 생명의 은인인 이대형, 이희영 부부에게 감사하는 마음으로 세상에 내놓습니다. 진심으로 고맙습니다. 착하고 아름다운 당신들에게 부끄럽지 않은 사람으로 살도록 노력하겠습니다.

2014, 2015년에 이어 세 번째로 하룻밤에 읽는 메이저리그 시리즈를 내놓으면서 지난 2년과 같은 생각으로 책을 구성한 부분도 있고, 이전과 다른 시도도 몇 가지 있었습니다.

'하룻밤에 읽는 메이저리그'는 '중급 야구팬'을 위한 책입니다. '중급 야구팬'이라는 개념 역시 지극히 주관적입니다. 2,430경기의 정규 시즌을 절반 이상 라이브 중계로 보며, 네이버 김형준, 이창섭님의 칼럼과 다음에서 만날 수 있는 민훈기, 송재우님의 글들을 빠짐없이 읽고 궁금한 것은 베이스볼 레퍼런스, 팬그래프, 베이스볼 아메리카, 스포츠 일러스트레이티드, ESPN, MLB.com 등에서 직접 찾기도 하는 스스로를 '중상급 야구팬'이라 생각하고 있습니다. 부디 중급 야구팬이 재미있게 야구를 즐기는 것에 도움을 주는 책이 되기를 바랍니다.

또한 하룻밤에 읽을 수 있는 분량에 신경 썼습니다. 어차피 2016년 시즌 메이저리그에서 일어난 모든 일을 전부 이야기할 수 없다면 어떤 이야기를 빼고 갈 것인가를 고민했습니다. 부득이하게 중요한 몇 가지, 예를 들면 뉴욕 메츠, LA 다저스 선수들의 부상에 관한 이야기 등을 제외하였고, 전체 분량이 하룻밤에 가볍게 읽을 수 있는 양이 되도록 애썼습니다. 책의 구성은 시간의 흐름에 따라 '기·승·전·결'의 4부로 나눴습니다. '기'는 2015년 시즌 종료부터 2016년 시즌 개막 전까지 스토브 리그의 이야기, '승'은 정규 시즌 시작부터 올스타전까지의 전반기를 다뤘습니다. '전'은 포스트시즌 진출을 놓고 치열한 승부를 다툰 정규시즌 후반기를, '결'은 와일드카드 경기부터 월드시리즈까지 약 한 달간의 포스트시즌의 이야기를 담았습니다.

소장용이라고 말하기엔 부끄럽지만, 메이저리그 팬들이 보관하고 언제라도 가볍게 들춰보면 추억을 되살릴 수 있도록 했습니다. 주절주절 풀어 쓴 주관적인 이야기보다 숫자로 남을 수 있는 2016년 시즌의 기록과 선수들의 이름을 남기는 데 신경 썼습니다. 기록은 영원히 남을 것이니까요.

마지막으로 기존의 야구 책과 조금은 다른 책이 되고 싶었습니다. 광고와 출판계 등에서 폭넓게 활동하신 홍윤이 작가가 그림 및 디자인을 맡아 주었습니다. 진심으로 고맙습니다.

책이 나오기까지 우여곡절이 많았습니다. 그러한 우여곡절을 넘어서 결국 2017년 시즌 전에 책이 출간될 수 있도록 도와주신 김회란 본부장님, 표류하던 이 책의 등불이 되어준 김감독닷컴과 브리온스포츠 임우택 대표님께 감사의 말씀을 전합니다.

2016년 메이저리그
: 홈런과 삼진, '투고타저'는 끝났다

38,982 K

2016년 시즌은 140년 메이저리그 역사상 가장 많은 삼진이 나온 시즌이었다. 삼진은 늘었는데 실점이 크게 줄어들지 않았다.

5,610 HR

경기당 2개 이상의 홈런이 나온 2016년 시즌은 메이저리그 140년 역사에서 두 번째로 많은 홈런이 터진 시즌으로 기록되었다. 홈런이 펑펑 터졌는데 득점이 눈에 띄게 늘진 못했다.

투고타저인가?

1968년 리그 전체 방어율이 2.98이었다. 이것이 '투고타저'다. 2016년 방어율은 4.18이다.

타고투저인가?

2000년 리그 전체 타율이 .270이었다. 이것이 '타고투저'다.
2016년 타율은 .255다.

1968년 리그 방어율이 2.98, 평균 득점이 3.4점이었고,
2000년 시즌에는 방어율 4.76, 평균 득점 5.1점이었다.
2016년 시즌의 방어율은 4.18, 평균 득점은 4.48점이다.

 2016년 시즌을 '투고타저'나 '타고투저' 혹은 '타저투저', '투고타고' 4가지 중 무엇이라고 딱히 단정 짓기 어렵다. 2016년 메이저리그는 홈런과 삼진의 시즌이라고 불러야 좋을 것 같다.

 가장 빠르고, 쉽고, 단순하게 득점을 올리는 홈런과 수비의 도움 없이 온전히 투수의 투구만으로 간단하게 아웃카운트를 늘리는 삼진의 득세는 선 굵은 야구의 시대를 만들어냈다. 하지만 홈런과 삼진의 선 굵은 야구는 아기자기한 야구의 재미에 익숙한 우리 팬들에게 다소 재미없는 야구로 느껴질 수도 있어 보인다.

 분명한 건 2014년 '투고타저' 추세 속에 저득점의 '재미없는' 야구(2014년에도 야구는 재미있었다)를 우려한 메이저리그가 득점을 끌어올리는 것에 집중하자 불과 2년 만에 '투고타저'가 해결(?)되었다는 점이다. 득점이 많아지면 재미있는 야구가 되는 것이라는 결론에 완전히 동의하기 어려운 나는 야구가 재미있는 것은 득점이 많이 나서가 아니라, 불과 세 시간 후에 누가 승자가 될 지를 미리 알지 못하는 점, 그 세 시간에 존재하는 밤하늘의 별들만큼이나 무수하게 많은 변수들 때문이라고 믿는다.

 파워가 기반이 된 홈런과 삼진이 많이 나오며, 선 굵고 심플한 야구가 자주 펼쳐진 가운데, 승부의 예측이 더욱 어려워졌고, 이번이

난무했지만 결.국. 가.장. 강.한. 팀.(시카고 컵스)이 이긴 야구. 2016년 시즌 메이저리그는 이렇게 한 줄로 정리하는 게 좋을 것 같다.

목차

起 겨울, 더 강해지고 싶다

承 꿈으로 가득 찬, 설레는 봄날

2016

MAJOR LEAGUE

BASEBALL

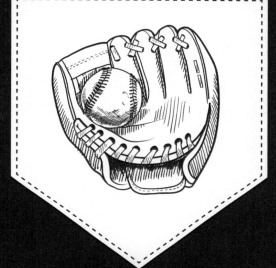

起

겨울,
더 강해지고 싶다

2016년 시즌은 2015년에 시작되었다

　내가 이 원고를 쓰고 있는 지금, 2016년 메이저리그 포스트시즌 경기가 한참이고 챔피언십시리즈에 진출한 4팀은 2016년 시즌의 막바지 열기가 한참 뜨겁지만, 가을 야구에 진출하지 못하고 10월 초에 시즌이 끝난 팀들, 그리고 포스트시즌이 짧게는 한 경기, 혹은 불과 몇 경기로 끝나버린 나머지 26개 팀들에게 있어서 2016년 시즌은 지나간 과거의 일이 되었고, 2016년 11월은 다가올 2017년 시즌을 위한 시간들이 되었다. 야구는 늘 미래지향적이다.

　마찬가지로 2016년 시즌의 시작 역시, 이제는 기억조차 가물거리는 2015년 가을 혹은 그보다 일찍(심지어 정규 시즌이 한창인 여름에 내년 또는 내후년 시즌에 대한 망상이나 하고 있는 팀들도 있다) 시작했다. 한 시즌이 끝나면 공식 보도와 소문이 마구 뒤엉켜 근거도 알 수 없고, 무엇보다 사실 여부가 불분명한 뉴스들이 허공에 마구 떠다닌다. 근래의 세상이 그렇듯, 각자 알아서 정리해야 하긴 하겠지만, 역시 가장 굵직한 뉴스이자 팀의 근본적인 변화는 감독을 바꾸는 것에서 시작한다.

▌감독 교체 카드를 사용한 팀.
LA 다저스, 워싱턴 내셔널스, 시애틀 매리너스 등

　논쟁의 여지는 여전히 많지만 어쨌든 스포츠에서 성적에 대한 최종 책임은 감독에게 있다. 누가 뭐래도 감독이 최종 책임자인 것은 분명하다. 그렇기 때문에 한 시즌이 끝나면 도리 없이 몇 명의 감독이 옷을 벗고 백수 신세로 전락하는 건 '파리 목숨'이라는 비유가 일반화된 감독 자리의 피할 수 없는 숙명이다. 어느 팀이건 감독을 바꾸는 것은 팀의 커다란 변화를 예고하는 것이다. 선수나 코치, 프런트 임직원들에게 정신 똑바로 차리라는 메시지라고도 할 수 있는데, 표현이 과격한 느낌이지만 일부 사실이기도 하다.

2015년 가을이 깊어갈 때, 3년 연속 정규 시즌 우승에도 불구하고 매번 가을 야구에서 맥없이 탈락을 반복하는 LA 다저스가 올 시즌마저 월드시리즈 우승을 차지하지 못하면 돈 매팅리 감독을 해임하고 새로운 감독을 찾을 거라는 소문이 돌았다. 심지어 한국에 있는 나의 귀를 간지럽힐 정도로 그 소문은 파다했다. LA 다저스는 결국 또 다시 월드시리즈에 가지 못했고, 소문대로 돈 매팅리 감독과 결별을 택했다. 그리고 LA 다저스가 선택한 새 감독은 의외로 신인 데이브 로버츠였다. 다른 후보자였던 또 다른 신인 감독 후보 게이브 케플러도 의외였지만, 데이브 로버츠의 감독 선임은 전문가들도 미리 예상하기 어려웠던 의외의 선택이었다.

LA를 떠난 돈 매팅리 감독은 월드시리즈 우승은 고사하고 우선 포스트시즌이라도 올라가는 게 간절한 팀, 저 멀리 동남부 끝에 있는 팀, 마이애미 말린스로 둥지를 옮겼다. 로스앤젤레스여 안녕. 돈 매팅리 감독은 팀의 새로운 타격 코치로 배리 본즈를 앉히면서 스타 출신 코칭스태프를 구성했다. 인기 구단도 아니고, 전력이 강해보이지도 않는 구단이지만, 제법 폼 나는 감독과 타격코치로 코칭스태프를 새로이 구성하니 겨울이 덜 춥게 느껴졌을, (아, 뜨끈한 도시) 마이애미의 따뜻

한 겨울이었다.

결코 적잖은 돈을 투자하고도 이렇다 할 성적 없이 도전과 실패를 거듭하며 시간만 죽이다 어느새 포스트시즌에 나가본 지 가장 오래된 메이저리그 팀이 되어버린 시애틀 매리너스도 또 한 번의 포스트시즌 진출 실패에 감독 교체로 응답했다. 이제 포스트시즌 좀 가자는 말이다. 누가 보더라도 분명히 의도는 그런 뜻이었을 텐데, 시애틀 디포토 단장은 LA 에인절스 시절 자신의 부하 직원인 스캇 서비스를 덜컥 감독 자리에 앉혔다. 살짝 어리둥절했지만 어쨌든 남의 회사 비즈니스니 '그런가 보다' 하며 받아들일 수밖에…

2009년 드래프트 1순위 투수 스티븐 스트라스버그와 2010년 드래프트 1순위 외야수 브라이스 하퍼가 함께 팀에 있을 때인 '바로 지금' 우승하지 못하면 대체 언제 우승할건지 기약이 없는, '창단 후 아직 우승 경험이 없는' 워싱턴 내셔널스는 지금 당장 팀을 월드시리즈에 올려놓지 못하는 맷 윌리엄스 감독과 이별하고 어쩐지 팀을 월드시리즈까지 이끌어 줄 것만 같은 '명장' 더스티 베이커에게 의지하기로 했다. 베이커 감독이 포스트시즌에는 약하지 않느냐는 주변의 말들은, 뭐랄까… "안 들린다. 안 들린다. 네가 뭐라고 하는지 난 안 들린다. 무슨 말인지 모르겠다. 저 분은 훌륭한 감독 맞다. 아아아아아아…" 좀 이런 인상이었다.

샌디에이고 파드레스는 아직 30대이자 선수로는 홈런 2개가 통산 기록의 전부이며, 더블 A팀 감독 경력이 감독 경력의 전부인 애리조나 다이아몬드백스 3루 코치 앤디 그린을 감독으로 선임하며 우선 '분위기 바꾸기'에 박차를 가했다. 몸값 비싼 선수들이 여전히 많은 샌디에이고에 초짜 감독이 어울리는가 하는 의문점을 남겼지만 어쨌든 30대 신인 감독, 새롭긴 새롭다. 2016년 최종 성적은 기대에 못 미치게 부족했지만, 당장의 성적을 위해 데려온 감독은 아니었으니 너무 서두르진 말자. 감독을 교체한 팀들의 1년 후 성적표를 곰곰이 살펴보면 늘 비슷한 결론에 이른다. 야구는 결국 선수들이 한다는 것, 혹은 결과는 모른다는 것. 너무 비관적인가? 여전히 야구 통계가 분석하지 못하는 것 중 대표적인 분야가 감독과 승리의 상관관계다. 감독 고르기는 야구계 불멸의 숙제다.

▎1,580만 달러의 유혹. 퀄리파잉 오퍼(Qualifying Offer)

2012년 시작해서 몇 년이 지나도록 '이게 왜 있는 제도냐'는 무용론과 '그래도 의미는 있지 않냐'는 평가도 있는, 종합하면 썩 좋은 제도라는 평가는 받지 못하지만 FA 시장의 본격적인 시작을 알리는 신호탄 역할은 하고 있는 게 퀄리파잉 오퍼다.

퀄리파잉 오퍼(Qualifying Offer)는 연봉 상위 125명의 평균 연봉(2015년에는 1,580만 달러)을 다음 시즌 1년 연봉으로 팀이 제안하고, 선수는 그 1년 계약을 받아들일지 말지를 일주일 안에 결정하는 제도다. 도입 3년이 지나도록 퀄리파잉 오퍼를 받은 선수 중 오퍼를 받아들이고 기존 팀에 잔류한 선수가 한 명도 없었는데(거부하면 다른 팀과 자유롭게 계약할 수 있는 FA가 된다), 지난 가을 드디어 "1,580만 달러라니, 감사합니다." 하며 오퍼를 받아들이고 기존 구단과 1년 계약서에 사인한 선수가 3명이나 생겼다. 볼티모어 오리올스 포수 맷 위터스, 휴스턴 애스트로스 외야수 콜비 라스무스, 그리고 LA 다저스 투수 브렛 앤더슨이다.

상당한 몸값이 예상된 잭 그레인키(당시 LA 다저스, 선발 투수), 제이슨 헤이워드(세인트루이스 카디널스, 외야수), 크리스 데이비스(볼티모어 오리올스, 1루수)야 1년 1,580만 달러를 거절하고 FA가 되는 게 당연해 보였지만, 하위 켄드릭(LA 다저스, 2루수), 요바니 가야르도(텍사스 레인저스, 선발 투수) 등이 다른 팀에서 1년 1,580만 달러 이상의 만족할 만한 연봉 제안을 받을 수 있을지에 관하여는 부정적인 의견이 많았다. 삐딱한 시각으로 보자면 그저 남들도 그러니까 거절한 켄드릭, 가야르도, 이안 데스몬드(워싱턴 내셔널스, 유격수) 등은 새로운 2016년 시즌 개막 직전까지 팀을 못 구해 발을 동동 구르다 썩 마음에 들지 않을 금액에 '울며 겨자 먹기'로 계약을 맺어야 했다. 출발은 1년 1,580만 달러로 같았던 20명의 선수(퀄리파잉 오퍼를 제안 받은 선수는 총 20명이었다) 중 1억 달러 이상의 초대형 계약을 맺은 7명과 달리 1,580만 달러를 거절했는데 결국 1,000만 달러 내외의 계약을 맺은 선수의 심정은 어땠을까? 1,000만 달러가 얼마인지 상상도 잘 안 가는 내가 어찌 그 마음을 헤아릴 수 있을까. 묻지 마라. 그저 부럽다.

| 최지만을 빅리그로! 룰5 드래프트

2015년 12월 10일, 메이저리그 룰5 드래프트를 통해 또 한명의 한국인 메이저리거가 탄생했다. 1991년생, 24세, 인천 동산고등학교를 졸업하고, 시애틀 매리너스 마이너리그에서 메이저리그의 문을 두드렸으나 부상, 약물 등 우여곡절 속에 6년의 시간이 흐르도록 메이저리그에 오르지 못했던 최지만 선수가 룰5 드래프트 마지막 순번으로 LA 에인절스의 부름을 받아 이적했다. 룰5 드래프트 직전에 마이너리그 FA가

된 최지만 선수는 시애틀 매리너스에서 볼티모어 오리올스로 팀을 옮겼었다. 즉, LA 에인절스가 볼티모어 오리올스 마이너리그 유망주 최지만을 룰5 드래프트에서 선발했다.

룰5 드래프트는 장기간 마이너리그에 머물러 있는 유망주들을 위한 제도로 대상 선수를 메이저리그 로스터에 두지 않는다면 이전 소속 팀으로 선수를 다시 돌려보내야 하기 때문에 최지만 선수에게 더 없이 좋은 기회였다. 결코 쉬운 과제는 아니지만, 야구만 잘하면 빅리그에 계속 머물 수 있는 절호의 기회다. 룰5 드래프트로 성공한 사례도 있지만 극소수이고, 2015년 룰5 드래프트 1순위로 필라델피아 필리스로 이적한 타일러 괴델의 최종 성적이 92경기 41안타 타율 .196 4홈런 16타점의 초라한 기록인 것을 봐도 여전히 갈 길이 먼 것이 룰5 드래프트의 현실이다.

하지만 스프링캠프에서 쏠쏠한 타격감을 인정받은 최지만은 다행히 메이저리그 로스터에 이름을 주로 올려놓은 채 2016년 시즌을 보낼 수 있었다. 여전히 험난하고 치열한 경쟁을 계속해야 하는 처지이긴 하지만, 부디 건강하게 2017년에도 메이저리그에서 볼 수 있기를 바란다.

┃ **최지만**(LA 에인절스) **2016년 최종 성적**
54경기 19안타 타율 .170 5홈런 12타점 출루율 .271
장타율 .339 OPS .611

이런 일들 말고도, 구단과 선수의 옵션 실행, 옵트아웃 실행에 따른 FA 자격 취득 등 다양하고 자유로운 계약이 만들어낸 이야기들은 공을 던지고, 치고 또 받고 달리는 야구 경기가 끝난 후에도 맑은 가을

밤 별들처럼 무수히 쏟아진다. 그리고 그곳에는 남는 자와 떠나는 자가 있고, 앞길이 창창한 자와 실직에 대한 두려움과 걱정으로 잠 못 이루는 선수나 코치들도 즐비하다. 사람 사는 세상에서 사람들이 하는 야구란 게 그렇다.

당연히 2017년 시즌은 이미 한참 전에 시작되었다. 시즌이 끝나기 무섭게 시카고 화이트삭스 로빈 벤츄라 감독과 애리조나 다이아몬드백스 칩 해일 감독이 직장을 잃었다는 소식을 들었고, 연이은 포스트시즌 진출 실패로 벼랑 끝까지 몰렸던 디트로이트 타이거스 브래드 아스머스 감독은 다행히(?) 자리를 보전했다. 보스턴의 데이비드 오티스와 뉴욕 양키스 마크 테셰이라는 이제 더 이상 메이저리그 선수가 아니며, 주목할 유망주는 이제는 코리 시거가 아니라 보스턴의 신예였다가 시카고 화이트삭스로 이적한 요안 몬카다이다. 시간은 무심히 흐르지만, 우리는 마냥 무심할 수는 없다. 내년에는 또 다른 소식과 즐거움이 흘러들어올 것임을 안다.

기명의 새로운 억만장자, FA

100년 전 이야기, 1918년 시즌 종료 후 보스턴 레드삭스의 왼손 투수 베이브 루스가 뉴욕 양키스로 트레이드 될 당시의 트레이드 금액은 12만 5천 달러였다. 최고의 슈퍼스타이며, 야구 역사를 바꾸어 놓은 베이브 루스가 받았던 최고 연봉은 1930년, 1931년에 기록한 8만 달러였다. 너무 오래된 이야기다.

베이브 루스가 은퇴하고 난 후인 1939년이 되어서야 TV 중계가 시작했고, 베이브 루스가 사망(1948년 8월 16일)하고도 한참 후인 1970년대가 되어서야 FA 제도라는 게 생겼다. TV 중계권을 통해 메이저리그 시장은 가파르게 성장했고, FA 제도로 인해 선수들의 연봉은 높이 솟구쳤다. 역시 오래된 이야기다. 그 후로 시간이 또 흘렀고, 이제 메이저리그 선수들은 상상을 초월하는 부자가 되었다. 물론 여전히 극소수의 이야기이긴 하지만, 야구만 아주 잘하면 1년에 연봉으로 3,000만 달러, 우리 돈으로 300억 원을 벌 수 있는 세상이 되었다. 야구는 축구처럼 세계적으로 널리 인기가 있는 스포츠도 아니다. 최근 선수들의 몸값이 급등한 NBA도, 미국 스포츠의 대명사인 '미식축구' NFL도 세계 시장에서 크게 인기가 있는 종목이 아니다. 하지만 NFL, MLB, NBA 리그의 일류선수들은 어마어마한 부와 명예를 누리고 있다. 미국의 스포츠 시장 규모는 실로 어마어마하다.

| 오로지 야구만 잘하면 부자가 되는 제도, Free Agent

물론 반짝 한 두해 야구를 잘했다고 금방 FA가 되어 일 년에 수십억, 수백억 원을 버는 것은 아니다. 적어도 3, 4년 이상 메이저리그의 확실한 주전 선수로 시즌을 보내야 하며(서비스 타임 6년이 지나야 FA 자격을 얻는다), 중간에 꽤 높은 금액에 장기 계약을 권유하는 구단의 사탕발림에도 넘어가지 않고 꿋꿋이 견뎌야 하며(2015년 시즌을 앞두고 LA 에인절스는 3년 차가 되는 마이크 트라웃과 6년 1억 4,450만 달러 계약을 맺었다), 무엇보다 야구를 정말 잘해야 한다. 말로야 쉽게 들리지만 현실적으로 무척 어려운 조건들을 채우고 야구로 억만장자가 될 기회를 가진 선수는 얼마 되지 않는다.

2016년 시즌을 앞둔 FA 시장에서는 7명의 선수가 우리 돈으로 1,000억 원이 넘는 1억 달러 이상의 계약서에 사인하는 것을 성공하며 억만장자의 반열에 올랐다. 1억 달러 이상의 계약에 성공한 7명을 포함해 5,000만 달러 이상의 초고액 계약에 성공한 선수의 수가 14명이다. 하지만 고액 연봉이 반드시 좋은 성적을 보장하지는 않는 법. 헛돈 펑펑 쓰고 울상지은 팀도 있고, 돈을 제법 썼는데도 돈을 절약한 느낌을 주는 FA 선수도 있었다.

| 2016년 5,000만 달러 이상 계약 FA

• 데이비드 프라이스(보스턴, 투수, 7년 2억 1,700만 달러)
　17승 9패 방어율 3.99 WHIP 1.20 230.0이닝 228K
　- 포스트시즌 3.1이닝 5실점 방어율 13.50 패전
　- 클레이튼 커쇼보다 많이 버는 건, 알고 있지?

- **잭 그레인키**(애리조나, 투수, 6년 2억 650만 달러)

  13승 7패 방어율 4.37 WHIP 1.27 158.2이닝 134K

  - 노쇠화? 부상? 하여간 불안하다. 계약은 5년 더 남았다.

- **제이슨 헤이워드**(시카고 컵스, 우익수, 8년 1억 8,400만 달러)

  142경기 타율 .230 7홈런 49타점 OPS .631 122안타 11도루

  - 포스트시즌 14경기 타율 .128 0홈런 1타점
  - 수비 좀 하는 외야수가 이렇게 많은 돈을? 급여 반납해라!

- **크리스 데이비스**(볼티모어, 1루수, 7년 1억 6,100만 달러)

  157경기 타율 .221 38홈런 84타점 OPS .792 125안타

  - 가끔 터지는 홈런에 지급한 돈, 역시 비싸다.

- **저스틴 업튼**(디트로이트, 좌익수, 6년 1억 3,275만 달러)

  153경기 타율 .246 31홈런 87타점 OPS .775 140안타 9도루

  - 헤이워드와 데이비스 덕분에 그렇게 못해 보이지 않는다. 역시 줄을 잘 서야한다.

- **쟈니 쿠에토**(샌프란시스코, 투수, 6년 1억 3,000만 달러)

  18승 5패 방어율 2.79 WHIP 1.09 219.2이닝 198K

  - 2016년 시즌 FA 중 단연 최고의 계약!

- **조던 짐머맨**(디트로이트, 투수, 5년 1억 1,100만 달러)

  9승 7패 방어율 4.87 WHIP 1.37 105.1이닝 66K

  - 4월 5승 무패 방어율 0.55 이달의 투수 수상. 그리고 끝! 계약은 2020년까지!

- **제프 사마자**(샌프란시스코, 투수, 5년 9,000만 달러)

  12승 11패 방어율 3.81 WHIP 1.20 203.1이닝 167K

  - 공은 빠르나, '애매한' 투수의 전형이 되고 있다.

- **천 웨인**(마이애미, 투수, 5년 8,000만 달러)

  5승 5패 방어율 4.96 WHIP 1.28 123.1이닝 100K

  - '뭘 이렇게 많이 주냐'는 거품 논란이 처음부터 있었고, 그게 맞았다.

- **마이크 리크**(세인트루이스, 투수, 5년 8,000만 달러)

  9승 12패 방어율 4.69 WHIP 1.32 176.2이닝 125K

  - 난 천 웨인 만큼은 받아야겠소!

- **요에니스 세스페데스**(뉴욕 메츠, 좌익수, 3년 7,500만 달러)

  132경기 타율 .280 31홈런 86타점 OPS .884 134안타

  - 2016년 시즌 FA 중 가장 성공한 타자(시즌 후 옵트아웃. 뉴욕 메츠와 재계약)

- **알렉스 고든**(캔자스시티, 좌익수, 4년 7,200만 달러)

  128경기 타율 .220 17홈런 40타점 OPS .692 98안타

  - 우승 보너스 계약, 결국 후유증에 시달리다.

- **이안 케네디**(캔자스시티, 투수, 5년 7,000만 달러)

  11승 11패 방어율 3.68 WHIP 1.22 195.2이닝 184K

  - 최근의 추세. 딱 이만큼 하면 연봉 1,000만 달러 선수!

- **벤 조브리스트**(시카고 컵스, 2루수, 4년 5,600만 달러)

  147경기 타율 .272 18홈런 76타점 OPS .832 142안타

  - 조 매든 감독이 사랑하는 노장 유틸리티맨. 팀을 월드시리즈 우승으로 이끌다!

최근 유행하는 지표인 WAR(대체 선수 대비 승리 기여도)를 표시하지 않았다. 개인적으로 WAR은 편리하지만, 선수의 가치를 지나치게 단순화시킨, 아직은 불편한 느낌이다. 세이버 매트릭스 트렌드에 대한 소심한 반항!

최근 유행인 'WAR 1.0에 연봉 얼마'의 개념(보통 800만 달러 정도가 WAR 1.0의 가치라고 평가받고 있다) 대신에, 옛날 방식인 홈런 하나, 타점 하나에 몇 달러, 투수는 1승이나 삼진 하나에 받아간 연봉 얼마와 같은 방식으로 선수들의 활약을 계산하는 것도 나름 재미있다고 믿는다.

일단 잭 그레인키, 제이슨 헤이워드, 조던 짐머맨, 천 웨인, 알렉스

고든은 '낭비'로 낙인이 찍힌 계약 1년차였다. 이 결론은 WAR로 봐도 마찬가지다.

┃ '돈=성적'은 없다. 헷갈리는 대형 FA의 2016년 시즌

총액 5,000만 달러 이상의 14명 고액 FA 중 2016년 시즌 성적으로 성공적인 계약이라 평가할 선수는 샌프란시스코 자이언츠 선발 투수 쟈니 쿠에토, 뉴욕 메츠 외야수 요에니스 세스페데스, 그리고 시카고 컵스 유틸리티맨 벤 조브리스트 3명 정도다.

무려 2억 1,700만 달러의 계약을 맺은 데이비드 프라이스는 몸값에 어울리게 거르지 않고 35번 선발 등판 했으며, 메이저리그에서 가장 많은 230이닝 동안 마운드에 올랐다. 하지만 230이닝, 35차례 선발 등판의 '꾸준함'이 전부였다. 2016년 5월까지 두 달간 프라이스가 기록한 방어율 5.11(7승 1패)은 못 견디게 불안했다. 2016년 시즌 통산 17승을 거뒀고, 이닝 당 1개에 가까운 228개의 탈삼진을 기록하긴 했지만 '방어율 3.99'는 1년에 3천만 달러가 넘는, 꾸준함보다는 '탁월함'이 기대되는 몸값에 한참 못 미치는 결과다. 게다가 포스트시즌에 부진한 징크스를 극복하지 못하고, 클리블랜드 인디언스를 상대로 나선 디비전 시리즈 2차전에서 3.1이닝 5실점 패전 투수가 되며 보스턴 레드삭스를 포스트시즌에서 불과 세 경기 만에 탈락하게 만든 원흉이 되었다는 점까지, 보스턴 레드삭스 팬들의 한숨은 프라이스로 인해 많이 깊어졌다.

하지만 프라이스의 부진은 애리조나가 '우승을 노리며' 영입한 잭 그레인키가 안겨준 실망과 비교하면 아무것도 아니었다. 2015년 19승 3

패 방어율 1.66에 골드글러브까지, 사이영상만 빼고(2015년 NL 사이영상은 22승 6패 방어율 1.77의 시카고 컵스 제이크 아리에타) 할 수 있는 것은 다 한 그 레인키는 따스하던 겨울, 애리조나 구단과 역대급 규모의 초대형 계약(총액은 프라이스가 많으나, 연봉 평균은 그레인키가 사상 최고)을 맺었으나, 애리 조나의 새 유니폼을 입고 나선 첫 경기에서 7실점 충격을 안기더니 그 이후로도 그레인키다운 피칭을 두세 번 보여준 것 외에는 부진과 부 상의 늪에서 빠져나오지 못한 채 시즌을 마감했다. 최고 연봉 투수 잭 그레인키의 시즌 최종 성적은 13승 7패 방어율 4.37이다. 2010년 아메 리칸리그 캔자스시티 소속일 때 이후 처음 기록한 4점대 방어율이 낯 설었고, 2007년 이후 가장 적은 26번 선발 등판 및 규정이닝에 미달한 158.2이닝은 10년만이라 특별히 어색했다. 2016년 겨울 잭 그레인키는 애리조나의 트레이드 대상자 명단에 올라있다.

FA 랭킹 1위라던 제이슨 헤이워드(전 세인트루이스, 시카고 컵스와 8년 1억 8,400만 달러 계약)는 또 어떤가. 일단 한숨, 후···. 정규 시즌 142경기 타 율 .230 7홈런 49타점 OPS .631, 포스트시즌 16경기 타율 .104 1타점 OPS .307 아, 눈물이 난다. 커리어 최저점을 찍은 정규 시즌은 그랬다 하더라도, 포스트시즌에서 대놓고 엑스맨 역할을 할 거라곤 상상하기 어려웠다. 방망이는 최악인데 수비는 잘하는 우익수 한 명 얻으려고 그 많은 돈을 투자한 건 아닌 게 시카고 컵스의 입장이었을 텐데 말이 다. 홈런 한 개당 돈을 얼마를 쓴 건지 계산이 두렵고, "내 기분이 지 금 그래. 어이가 없네."라고 말하는 배우 유아인의 대사와 표정이 어 른거린다. 헤이워드와 컵스의 계약은 아직 7년이나 남았다. 역시 불안 한 FA 저스틴 업튼(디트로이트), 효율성은 최고라고 여겨진 요에니스 세스페데스(뉴욕 메츠), 공갈포 크리스 데이비스(볼티모어)를 제외하면 뚜렷하게 눈에 띄는 대형 FA가 없는 척박한 시장 환경 덕에 거금을 쥐었다는 비판이 들어맞는 선수가 되었다. 역시 인생은 '운칠기삼'이며, 줄만 잘서도 인생은 술술 풀리기 마련이다.

　2016년 겨울, FA 시장은 사상 최악이라는 평가가 대부분이다. 그래도 옵트아웃을 선언하고 시장에 다시 나온 요에니스 세스페데스(뉴욕 메츠), 구속 100마일의 매력적인 마무리 아롤디스 채프먼(시카고 컵스), 오랜만에 시장에 나온 에드윈 엔카나시온(토론토) 등은 큰돈을 만지게 될 예정이다. 솔직히 부럽다. 돈 많이 버는 것을 부러워하는 것이야 인지상정이겠으나, 어차피 나에겐 비현실적인 금액. 야구팬인 내가 정작 신경 써야 할 것은 대형 FA들이 바꾸는 팀 전력의 변화인데 세스페데스는 정말 어느 팀으로 가게 될까 보다 얼마나 받을까가 솔직히 지금은 조금 더 궁금하다.

지금은~은 유망주~우 시대!

밀워키 브루어스 산하 싱글에이 팀 경기장(2016. 5. 14.)

1965년에 시작해 이제 50년이 넘은 메이저리그 드래프트에서 1순위로 뽑힌 선수, 즉 그 해 미국 최고의 야구 유망주였던 50여 명 중 지금껏 명예의 전당에 입성한 선수는 단 한 명. 1987년 드래프트 1순위로 뽑히고, 20여 년의 멋진 선수 생활을 지나 2016년 명예의 전당에 오른 '켄 그리피 주니어'다. 그럼 그리피 이전 22년 동안의 드래프트 1순위는 누구였지? 웬만한 야구팬이라고 해도 1977년 1순위 해롤드 베인스나 1980년 1순위 지명자였던 대릴 스트로베리 정도 외에는 이름조차 낯선 선수들이 대부분이다. 드래프트 제도가 시작되던 때, 전체 1순위, 전미 최고의 초대형 유망주는 그저 가능성이 좀 높은 로또였다.

▎슈퍼스타와 동급이 된 특급 유망주

지금의 프로야구는 그때와 많이 다르다. 전 세계(사실은, 중남미와 아시아 일부)에 퍼져있는 야구 유망주를 찾아 발굴하고, 선택하여 계약하며, 기량을 늘려서 빅리그 레벨까지 올리는 일들을 하는 사람도 많아지고, 돈도 많아지고, 시스템은 훨씬 커졌는데 무척 정교해졌다. 유망주를 키우는 과정이 워낙 꼼꼼해 유망주 육성에 실패하는 경우가 부쩍 줄었다. 스카우터들이 세심하게 선발한 상위권 유망주의 가치는 하늘을 찌를 정도로 높아졌다.

각 팀에게 유망주는 어디 아픈 데는 없는지, 미국 생활과 음식은 잘 맞는지, 마음의 상처 따위는 없는지 머리부터 발끝을 넘어 오장육부, 뇌와 마음까지 잘 살피고 돌봐야 할 소중한 자산이 되었다. 3D 정도가 아니라 5D, 6D 이상의 체계적이고 종합적인 관리의 대상이 된 게 특급 유망주다.

타석에서 홈런만 잘치고, 던지는 공의 구속만 빠르다고 금세 최고 유망주가 되는 것은 물론 아니다. 스카우터들이 사용하는 20-80 스케일은 이제 일정 수준 이상의 야구팬은 알고 있다. 루카스 지올리토(워싱턴 내셔널스에서 시카고 화이트삭스로 트레이드, 2012년 드래프트 1라운드 전체 16순위)의 '속구 80, 커브 70, 체인지업 55, 제구력 55, 전체 65'라는 평가 점수는 스마트폰을 이용해 검색하는 데 2분이면 충분하다. 65점은 장차 메이저리그 상위 선발로테이션에 들어갈 수 있는 잠재력이 최고인 선수라는 해석도 어렵지 않다. 비밀이 없는 세상이다.

트레이드 시장에서 모두가 알고 있는, 실패할 가능성이 낮은 톱클래스 유망주의 가치는 10승? 홈런 20개? 그 정도를 우습게 넘어 웬만한

밀워키 산하 싱글에이 팀 위스콘신 팀버래틀러스 경기장

슈퍼스타 선수 못지않다. 5년 정도는 연봉도 아주 낮아 몹시 매력적이다. 앞서 소개한 루카스 지올리토의 2016년 메이저리그 데뷔 시즌 성적은 1패 방어율 6.75 11K 12볼넷의 참담한 수준이지만, 골드글러브 수준의 수비에 탁월한 출루 및 도루 능력을 가진 리드오프 타자 시카고 화이트삭스 아담 이튼과 트레이드 되어 팀을 옮겼다.

| 베이스볼 아메리카(BA) 선정 유망주 20위 (2016년 2월)

1. 코리 시거 유격수 LA 다저스/만장일치 NL 신인상

　타율 .308 26홈런 72타점 OPS .877

2. 바이런 벅스턴 외야수 미네소타 트윈스

　타율 .225 10홈런 38타점 OPS .714

3. 루카스 지올리토 투수 워싱턴 내셔널스

1패 방어율 6.75 WHIP 1.78(메이저) 6승 5패 방어율 2.97 WHIP 1.28(마이너)

4. J. P. 크로포드 유격수 필라델피아 필리스

123경기 타율 .250 7홈런 43타점 OPS .688(마이너)

5. 훌리오 유리아스 투수 LA 다저스

5승 2패 방어율 3.39 WHIP 1.45(메이저) 5승 1패 방어율 1.40 WHIP 1.08(마이너)

6. 타일러 글래스나우 투수 피츠버그 파이어리츠

2패 방어율 4.24 WHIP 1.50(메이저) 8승 3패 방어율 1.93 WHIP 0.96(마이너)

7. 라파엘 디버스 3루수 보스턴 레드삭스

128경기 타율 .282 11홈런 71타점 18도루 OPS .779(마이너)

8. 알렉스 레이예스 투수 세인트루이스 카디널스

4승 1패 방어율 1.57 WHIP 1.22(메이저) 2승 3패 방어율 4.96 WHIP 1.45(마이너)

9. 노마 마자라 외야수 텍사스 레인저스

타율 .266 20홈런 64타점 OPS .739

10. 올란도 아르시아 유격수 밀워키 브루어스

타율 .219 4홈런 17타점 OPS .631(메이저) 타율 .267 8홈런 53타점
OPS .723(마이너)

11. 브랜든 로저스 유격수 콜로라도 로키스

110경기 타율 .281 19홈런 73타점 OPS .821(마이너)

12. 조이 갈로 3루수 텍사스 레인저스

타율 .040 25타수 1안타 1홈런(메이저) 타율 .240 25홈런 66타점
OPS .896(마이너)

13. 댄스비 스완슨 유격수 애틀랜타 브레이브스

타율 .302 3홈런 17타점 OPS .803(메이저) 타율 .275 9홈런 55타점
OPS .787(마이너)

14. 블레이크 스넬 투수 탬파베이 레이스

6승 8패 방어율 3.54 WHIP 1.62(메이저) 3승 5패 방어율 3.29
WHIP 1.33(마이너)

15. 그레이버 토레스 유격수 시카고 컵스

125경기 타율 .270 11홈런 66타점 OPS .775(마이너, 뉴욕 양키스로 트레이드)

16. 오스틴 메도우스 외야수 피츠버그 파이어리츠

87경기 타율 .266 12홈런 47타점 OPS .869(마이너)

17. 요안 몬카다 3루수 보스턴 레드삭스

타율 .211 1타점 OPS .513(메이저) 타율 .312 9홈런 76타점 OPS .910(마이너)

18. 앤드류 베닌텐디 외야수 보스턴 레드삭스

타율 .295 2홈런 14타점 OPS .835(메이저) 타율 .294 15홈런 62타점
OPS .918(마이너)

19. 알렉스 브레그맨 유격수 휴스턴 애스트로스

타율 .264 8홈런 34타점 OPS .791(메이저) 타율 .306 20홈런 61타점
OPS .986(마이너)

20. 오지 알비스 유격수 애틀란타 브레이브스

138경기 타율 .292 6홈런 53타점 30도루 OPS .778(마이너)

    하지만 유망주 순위가 높다는 것이 성공의 보증수표는 아니다. 심리적인 문제일 수도 있고, 단지 아직 빅리그 레벨의 야구에 적응이 안 되어서라고 치부할 수 있다. 하지만 개인적인 의견으로는 바이런 벅스턴, 조이 갈로, 타일러 글래스나우 등 최고 유망주들의 성공에 의문 부호가 많다. 그런데 그건 그렇고 어느 정도해야 성공인 걸까? 우선 이에 대한 답부터 찾아놓는 게 순서 아닐까? 랭킹 2위 바이런 벅스턴에겐

피츠버그의 해적선장 앤드류 매커친, 랭킹 6위 타일러 글래스나우는 피츠버그에서 은퇴한 A. J. 버넷, 랭킹 12위 조이 갈로에게선 팀 선배 애드리안 벨트레 정도로 성장한다면 '성공'이라는 단어를 써도 될 것 같다. 눈높이가 너무 높은 건가? 벨트레는 명예의 전당 입구까지 와 있는 선수인데.

| 2016년 시즌 우리를 즐겁게 해 준 유망주

늘 그런 건 아니지만 가끔 랭킹 바깥에 있던 선수로부터 놀라운 일이 벌어지곤 한다. 정규 시즌이 시작되자마자 이제 막 데뷔한 신인으로 4경기 6홈런, 5경기 7홈런을 폭발시키며 우리를 깜짝 놀라게 한 트레버 스토리(콜로라도)는 유망주 랭킹 100위 안에 없었고, 8월의 선수와 8월의 신인을 휩쓸었던 개리 산체스(뉴욕 양키스), AL 신인상을 수상한 마이클 풀머(디트로이트, 산체스나 스토리보다는 훨씬 상위권 유망주였다) 역시 상위 20위 안에 없었다.

유망주 랭킹 1위였던 코리 시거는 유망주 1위가 얼마나 대단한 위치인지 보여주는 위용을 뽐냈다. 3할이 넘는 타율에다 26개 홈런, 괜찮은 수비로 만장일치 NL 신인상까지 차지하며, 최근 유망주 시스템의 완벽함을 알렸다. '방대하고 세밀한 메이저리그 시스템을 믿으세요!'

성공과 실패, 혹은 그 중간 어딘가에 있는 신인들을 정리하는 데는 역시 메이저리그 유망주 관련 최고 전문가 집단인 베이스볼 아메리카의 손을 빌리는 게 좋겠다.

| BA 선정 2016년 시즌 All-Rookie Team

선발 투수

- **타일러 앤더슨(콜로라도 로키스)**

  19경기 5승 6패 방어율 3.54 WHIP 1.29 114.1이닝 49K

- **존 그레이(콜로라도 로키스)**

  29경기 10승 10패 방어율 4.61 WHIP 1.26 168.0이닝 185K

- **스티븐 마츠(뉴욕 메츠)**

  22경기 9승 8패 방어율 3.40 WHIP 1.21 132.1이닝 129K

- **마이클 풀머(디트로이트 타이거스)**

  26경기 11승 7패 방어율 3.06 WHIP 1.12 159.0이닝 132K

- **켄타 마에다(LA 다저스)**

  32경기 16승 11패 방어율 3.48 WHIP 1.14 175.2이닝 179K

불펜 투수

- **크리스 데빈스키(휴스턴 애스트로스)**

  48경기 4승 4패 1세이브 5홀드 방어율 2.16 WHIP 0.91

포수

- **개리 산체스(뉴욕 양키스)**

  53경기 20홈런 42타점 타율 .299 OPS 1.032

1루수

- **토미 조셉(필라델피아 필리스)**

  107경기 21홈런 47타점 타율 .257 OPS .813

2루수

- **트레이 터너(워싱턴 내셔널스)**
  73경기 13홈런 40타점 도루 33개 타율 .342 OPS .937

3루수

- **라이언 힐리(오클랜드 애슬레틱스)**
  72경기 13홈런 37타점 타율 .305 OPS .861

유격수

- **코리 시거(LA 다저스)**
  157경기 26홈런 72타점 193안타 타율 .308 OPS .877

외야수

- **타일러 네이킨(클리블랜드 인디언스)**
  116경기 14홈런 43타점 타율 .296 OPS .886

- **노마 마자라(텍사스 레인저스)**
  145경기 20홈런 64타점 타율 .266 OPS .739

- **데이비드 달(콜로라도 로키스)**
  63경기 7홈런 24타점 타율 .315 OPS .859

지명타자

- **트레버 스토리(콜로라도 로키스)**
  97경기 27홈런 72타점 타율 .272 OPS .909
  *트레버 스토리는 수비에 참여한 전 경기 유격수 출전

BA 선정 루키 팀 중 시즌 시작 전 BA 유망주 랭킹 20위 안에 든 선수는 노마 마자라와 코리 시거 뿐이며, 50위권 근처로 넓혀서 봐도 트레이 터너, 스티븐 마츠, 마이클 풀머, 데이비드 달 정도가 전부다. 알 것 같다가도 도통 모르겠다는 생각이 퍼뜩 들다가, 횡횡 방망이를 돌리는 모습과 떡 벌어진 가슴, 우람한 팔뚝을 보고 '저 친구는 큰 선수가 되겠는 걸'이라며 금세 매료되고 마는, 갈대처럼 마음이 이리저리 흔들리는 유망주 찾기. 사랑만큼이나 어려운 일이다. 사랑도 재미나지만 어렵고, 유망주도 야구의 큰 재미이긴 한데, 어렵다.

2017년을 앞두고 주목받는 유망주는 요안 몬카다(시카고 화이트삭스, 내야수), J. P. 크로포드(필라델피아, 유격수), 앤드류 베닌텐디(보스턴, 외야수), 댄스비 스완슨(애틀란타, 유격수) 등이 있다. 2017년에 이들의 활약을 볼 생각을 하니, 벌써 설렌다.

유토피아이자 영원한 노스탤지어, 명예의 전당

야구 선수가 직업인 프로야구 선수라면 차마 꿈엔들 잊을 수 없는 곳이 명예의 전당이다. 이제 막 커리어를 시작한 선수에게는 닿을 수 없을 만큼 아득하지만 그래도 선수라면 한 번 쯤은 꿈꾸어 봤던 곳. 선수 생활을 마치고 그곳에 돌아가 여생을 마치고 싶은 '고향' 혹은 '근원' 같은 곳. 그곳이 명예의 전당이다. 2013년 메이저리그 명예의 전당 (공식 명칭은 National Baseball Hall of Fame and Museum, 미국 뉴욕주 쿠퍼스타운)에 다녀온 적이 있는데 스포츠가 가질 수 있는 궁극의 존엄이 느껴지는 동시에 즐거움과 재미 역시 느낄 수 있었던 멋진 곳이었다. 야구팬이라면 죽기 전에 꼭 가야할 곳 리스트에 올려놓아도 좋을 곳이다.

메이저리그 명예의 전당은 10년 이상 선수 생활을 한 선수를 대상으로 하며, 공식 은퇴 후 5년이 지나야 피투표권 자격이 주어진다. 2016년 메이저리그 명예의 전당 후보자는 총 32명이었다. 그 중 단 2명의 선수가 440명의 BBWAA 소속 기자단에게 75% 이상의 찬성 득표율을 기록해 명예의 전당에 이름을 올렸다. '영광, 영광, 영광, 영광!'이다.

▌2016년 명예의 전당 입성을 축하해요. 켄 그리피 주니어, 마이크 피아자

두 명의 영광된 이름 중 첫 번째는 야구계의 대표적인 '금수저'이자 엘리트 코스만 밟은, 정유라, 아니지 켄 그리피 주니어이며, 두 번째 선수는 부잣집 아들로 태어나 인생은 '금수저'이나 야구계에선 아무도 눈

여겨 본 사람이 없었던 마이크 피아자다.

- **켄 그리피 주니어 (1989~2010년, 시애틀 매리너스, 신시내티 레즈 등)**
  437/440표, 득표율 99.3%, 1년차에 **역대 최다 득표율** 기록(종전: 톰 시버, 98.8%),
  드래프트 **1순위**(1987년 드래프트) 선수 중 최초로 명예의 전당 입성
  통산 630홈런(6위), 1,836타점(15위), 1,662득점(32위),
  1997년 AL MVP, 1994, 1997, 1998, 1999 AL 홈런왕, 1997 AL 타점왕
  올스타 13번, 골드글러브 10번, 실버슬러거 7번

- **마이크 피아자 (1992~2007년, LA 다저스, 뉴욕 메츠 등)**
  365/440표, 득표율 83.0%(후보 4년차), 1988년 드래프트 62라운드
  1,390번 픽
  통산 427홈런(49위), 1,335타점(95위), 2,127안타, 포수 최고 OPS .922,
  OPS+ 142
  1993년 NL 신인상, 올스타 12번, 실버슬러거 10번

켄 그리피 주니어는 아버지 켄 그리피와 한 팀에서 뛴 적이 있을 뿐만 아니라 동시에 홈런을 친 적도 있는 야구계의 '금수저'다. 당당히 자기 실력으로 홈런왕, 골드글러브, 올스타를 두루 섭렵한 야구도 잘하고, 수비도 잘하고, 인기도 좋은 데다 약물 의혹에서도 자유로운 선수다. 다만 30대에 들어 급격한 하락세를 겪으며 당연할 것으로 보였던 700홈런에 못 미친 것이 아까운 정도로 대단한 선수였고, '비선실세의 도움 없이도' 후보가 된 첫 해에 당당히 최고 득표율 기록을 갈아치우며 명예의 전당에 올랐다.

비록 투표권은 없는 처지이지만[투표권은 BBWAA(Baseball Writers' Association of America)에 소속된 상당한 경력의 야구 기자들에게만 주어짐] 2016년에 헌액된 두 선수 중 한 선수는 명예의 전당이 당연해 보이는 데 반해, 다른 한 명

은 '저 정도면 명예의 전당 감인가?' 싶었다.

- **제프 배그웰 (휴스턴 1루수)**

  315표/71.6%, 449홈런, 1,529타점, 2,314안타, OPS .948

- **팀 레인스 (몬트리올, 시카고 화이트삭스 외야수)**

  307표/69.8%, 808도루(5위), 2,605안타

- **트레버 호프먼 (샌디에이고 등 투수)**

  2016년 첫 등장 296표/67.3%, 601세이브

- **커트 실링 (필라델피아, 애리조나 등 투수)**

  230표/52.3%, 216승 3,116K

포수라는 포지션에 어드밴티지가 주어져 마땅하다고 말하기에는 '공격력이 가장 좋았던 포수' 마이크 피아자(이크, 이름을 밝혔다)는 수비가 썩 좋지 않았던 선수라, 명예의 전당 후보 6년이 지나도록 아직 명예의

디트로이트 코메리카파크 타이콥 동상

전당에 오르지 못한 1루수 제프 배그웰이나 통산 808개의 도루로 역대 5위인 외야수 팀 레인스보다 더 나은 선수인지 도무지 모르겠다는 의견이며, 트레버 호프먼이 첫 해에 75% 득표에 성공하지 못하고 명예의 전당으로 바로 가지 못한 것은 그저 한편의 코미디였다는 생각이다(600 세이브가 우습냐?).

최근 들어 선수 관리가 훨씬 과학적이고 체계적이 되었기 때문에, 일반적으로 선수들의 수명이 길어지고 또 길어진 선수 수명 안에서 선수 몸 관리 역시 과학적으로 잘 되는 게 추세다. 통산 기록이 마이크 피아자 이상 되는 선수들이 앞으로 줄줄이 명예의 전당 후보 자격을 얻게 될 터인데, 덜컥 피아자가 명예의 전당에 입회한 것은 명예의 전당에 부담이 될 수도 있겠다는, 굳이 내가 안 해도 될 걱정이 들었다. 하여간 켄 그리피 주니어, 마이크 피아자 두 선수에게 영광이 함께했던 2016년이었다. 진심으로 축하한다. 의구심이 있다고 축하하지 않는 것도 아니고, 피아자를 괜히 미워하지도 않는다.

▍명예의 전당이 아득한 '약물' 선수. 배리 본즈, 로저 클레멘스

명예의 전당이 노스탤지어의 역할을 하는 것은 아직도 해결되지 않은 '약물' 선수들 탓이 크다. 통산 762개 최다 홈런의 주인공이며, MVP를 4번이나 받은, 기록으로는 의심의 여지없는 최고 타자인 배리 본즈와 사이영상을 무려 7번을 받았고, 354승(9위), 4,672K(3위)를 기록해 역시 기록으로는 더 없이 위대한 투수 로저 클레멘스는 여전히 '당연히 명예의 전당에 이름 올려야 된다', '아니다 말도 안 된다'의 논란 속에 여전히 45%대 득표율로 후보자 처지에 머물러 있다는 사실은 명예의 전당에 도달하기에는 멀기도 멀며, 짙은 안개 속에 희미하게 자리 잡고 있는, 멀고도 아득한, 끝내 도착하지 못할 목적지 같은 느낌도 준다.

명예의 전당에 올라가는 방법은 BBWAA 회원들의 투표 외에도 명예의 전당 베테랑 위원회의 추천으로 헌액되는 방법이 있다. 토니 라루사, 바비 콕스, 조 토레 등 감독이나 심판, 구단주들은 주로 이 경로를 통해 명예의 전당 헌액자가 되는데, 가끔은 투표에서 고배를 마신 선수가 베테랑 위원회에 의해 명예의 전당에 오르기도 한다. 시카고 컵스 전설의 3루수였던 론 산토, 유일한 월드시리즈 7차전 끝내기 홈런의 주인공 빌 마제로스키(피츠버그) 등이 그런 경우이며, 나의 섣부른 예상으로는 배리 본즈, 로저 클레멘스, 새미 소사, 마크 맥과이어(10년 동안 75% 득표율에 실패해 공식적으로 최종 탈락했다), 라파엘 팔메이로는 시간이 얼마나 걸릴지 모르나 결국 베테랑 위원회에 의해 구제될 것 같은 느낌적인 느낌이 있다.

올 겨울에도 명예의 전당 투표는 계속된다. 2017년에는 10년 연속 골드글러브를 수상한 명포수 출신 '퍼지' 이반 로드리게스(텍사스 레인저스 등, "피아자가 명예의 전당에 갔으니 난 당연한 거지? 그런거지?"라고 묻는 듯하며 꽤 부담스럽다), 또 하나의 약물 관련자 매니 라미레즈(보스턴, LA 다저스 등), 제프 배그웰과 통산 기록이 거의 유사한 블라디미르 게레로(몬트리올, LA 에인절스 등) 등이 새로운 후보로 등장하며 총 36명의 피투표자가 있다. 제프 배그웰과 이반 로드리게스의 명예의 전당 입성이 기대되며 미리 축하한다는 말을 전하고 싶다. 그저 아득하게 부럽고, 명예의 전당에 오르든 못 오르든 모든 야구 선수들에게 눈물겹게 고맙다. 그들은 나의 삶을 훨씬 재미있게 해줬고, 때론 뜨겁게 만들어 주었다.

2016년을 넘기는 게 쉽지 않다. 억지로 욱여넣고 삼키는 기분이다. 도무지 이해하기 힘든 세상을 살고 있다는 생각으로 바라본 '명예'라는 단어는 묘한 느낌이다. 762개 홈런, 354승과 4,672개의 삼진이 당연히 가져야 하는 '명예'와 그것만으로는 가질 수 없는 '명예' 사이엔 과연 무엇이 존재하는지 궁금하다.

두근두근 스프링캠프, 준비 완료

피츠버그 PNC파크와 클레멘테다리(2016. 5.)

2016년 정규 시즌을 앞두고 벌어진 메이저리그 스프링캠프 시범 경기는 특히 한국 야구팬들에게 콩닥콩닥 가슴 설레는 순간이었다. 비록 류현진(LA 다저스), 강정호(피츠버그 파이어리츠) 등 기존의 빅리거인 두 선수의 모습은 부상으로 볼 수 없었지만, 그 정도 아쉬움은 달래고도 남을 만큼 새로운 한국 선수들, 이대호(시애틀 매리너스, 전 일본 소프트뱅크 호크스, 마이너리그 계약), 오승환(세인트루이스 카디널스, 전 일본 한신 타이거즈), 박병호(미네소타 트윈스, 전 넥센 히어로즈), 김현수(볼티모어 오리올스, 전 두산 베어스), 최지만(LA 에인절스, 전 볼티모어 오리올스, 룰5 드래프트로 이적)이 마침내 실전 무대에 등장하는 순간이 왔다. 바로 몇 달 동안 야구팬들이 애타

게 기다린 실전 야구의 시작, 스프링캠프 시범 경기다.

일생일대의 봄날. 스프링캠프 무대에 선 코리안 메이저리거

한국의 야구팬이라면, 메이저리그 팬이든, 주로 KBO를 보는 팬이든 가리지 않고 야구에 흥분하기엔 조금 이른 3월 새벽부터 TV와 모니터 앞으로 모였다. 익숙한 이름의 우리 선수들이 메이저리그 무대에서 활약하는 광경을 숨죽이고 지켜보았다. '승부를 초월한 스프링캠프 경기는 이렇게 조마조마하게 안 봐도 되는데'라는 일반론은 베테랑 추신수 선수에게만 적용되는 이야기였다. 추신수를 제외한 한국 선수들은 모두 스프링캠프 시범 경기에서 감독과 팀에 눈도장을 찍고, 주전 자리를 확보하는 데 온 힘을 기울여야 했다. 한 타석, 공 하나는 더 없이 중요했다. 안타 하나에 웃고, 삼진 하나에 탄식이 쏟아졌으며, 홈런 하나에 감격하는, 가슴 졸이는 순간들이었다. 유일한 투수였던 오승환 선수는 거꾸로다. 삼진에 환호하고, 홈런에 눈물 흘렸다.

2016년 코리안 메이저리거 스프링캠프 시범 경기 성적

- 추신수 텍사스 레인저스
  16경기 38타수 11안타 타율 .289 OPS .755 0홈런 2타점

- 이대호 시애틀 매리너스
  24경기 53타수 14안타 타율 .264 OPS .724 1홈런 7타점

- 김현수 볼티모어 오리올스
  17경기 45타수 8안타 타율 .178 OPS .402 0홈런 2타점

- **박병호 미네소타 트윈스**

  20경기 58타수 15안타 타율 .259 OPS .744 3홈런 13타점

- **최지만 LA 에인절스**

  28경기 68타수 14안타 타율 .209 OPS .649 2홈런 11타점

- **오승환 세인트루이스 카디널스**

  9경기 9.2이닝 2실점 2자책 방어율 1.86 1피홈런 4K

엄청나게 걱정을 많이 했는데, 다행히도 김현수 선수를 제외하면 나쁘지 않은 성적이었다. 박병호 선수가 메이저리그에서도 충분히 홈런을 쏘아 올릴 선수라는 건 시원하게 증명되었고, 아찔아찔한 순간과 다소 불안한 구석이 있긴 했지만 오승환 선수도 정규시즌 마운드에 오를 수준은 충분히 된다는 결론에 도달했다.

스프링캠프 시범 경기 내내 맥없는 땅볼 타구 몇 개 날린 게 전부였던 볼티모어 김현수 선수의 경우 적응 상태를 고려해, 1) 마이너리그로 가는 게 맞다, 2) 아니다, 거부권을 이용해서 메이저리그에 머무르는 게 맞다는 논쟁이 약간 시끄러운 가운데 메이저리그에 남기로 하였다. 서서히 정규시즌이 다가왔고, 스프링캠프에서 홈런 2개를 쏘아올린 LA 에인절스 최지만 선수까지 무사히 빅리그 로스터에서 정규시즌을 맞이했다. 룰5 드래프트 출신 선수에게 스프링캠프는 무척 중요하다. 스프링캠프에서 아직 메이저리그급이 아니라는 결론이 내려진 선수는 이전 소속 팀(최지만의 경우 볼티모어 오리올스 산하 AAA)으로 돌려보내져 다시 기약 없는 마이너리그 생활로 돌아간다. 최지만 선수는 이걸 이겨냈다. 장한 막내다.

| 야구 여행에도 좋은 스프링캠프

메이저리그 스프링캠프는 정규시즌 양대 리그와 무관하게 남동부 플로리다의 그레이프프루트(자몽) 리그와 남서부 애리조나에서 열리는 캑터스(선인장) 리그로 나뉜다. 아메리칸리그(AL), 내셔널리그(NL)를 따지지 않고 주로 동부지구에 속한 팀들이 참가하는 그레이프프루트 리그, 서부지구 팀들이 주축인 캑터스 리그가 리그의 큰 차이점이다. 시범경기가 벌어지는 각 팀의 홈 경기장도 차로 10분이면 이동이 가능할 정도로 서로 가깝기도 하며, 참가한 선수들도 6회 후 조기 퇴근을 하는 등 정규 시즌 경기 때와 달리 자유로운 행동을 하고 팬들의 사인 요구에도 적극적으로 응대하는 등 정규 시즌과는 분위기가 다르다. 그리고 무엇보다 날씨가 따뜻하다. 비교적 가까운 거리에 붙어있는 중북부 도시들, 클리블랜드, 디트로이트, 밀워키나 미니애폴리스라고 해도 정규시즌에 한 팀의 경기를 보고 다른 팀 경기장으로 이동하려면 최소 차로 4시간, 비행기로 1시간은 가야한다. 그리고 5월에도 춥다. 그래서 야구팬들은 쉽게 많은 경기를 즐길 수 있기 때문에 스프링캠프 경기장을 찾는다. 스프링캠프는 따뜻하고 온화한 날씨에서 많은 팀의 야구를 볼 수 있으며, 메이저리그의 슈퍼스타, 유망주, 마이너리그 선수들까지 다양한 계층의 선수들이 하는 야구를 마음껏 볼 수 있다는 장점이 있다.

| 그레이프프루트 리그(자몽 리그, 플로리다)

NL

- **동부지구**: 애틀랜타 브레이브스, 마이애미 말린스, 뉴욕 메츠, 필라델피아 필

리스, 워싱턴 내셔널스

- **중부지구**: 피츠버그 파이어리츠(강정호 소속), 세인트루이스 카디널스(오승환 소속)

AL

- **동부지구**: 볼티모어 오리올스(김현수 소속), 보스턴 레드삭스, 뉴욕 양키스, 탬파베이 레이스, 토론토 블루제이스
- **중부지구**: 디트로이트 타이거즈, 미네소타 트윈스(박병호 소속)
- **서부지구**: 휴스턴 애스트로스

▎ 캑터스 리그(선인장 리그, 애리조나)

NL

- **중부지구**: 시카고 컵스, 신시내티 레즈, 밀워키 브루어스
- **서부지구**: 애리조나 다이아몬드백스, 콜로라도 로키스, 샌디에이고 파드레스, 샌프란시스코 자이언츠, LA 다저스(류현진 소속)

AL

- **중부지구**: 클리블랜드 인디언스, 시카고 화이트삭스, 캔자스시티 로얄스
- **서부지구**: LA 에인절스(최지만 소속), 오클랜드 애슬레틱스, 시애틀 매리너스, 텍사스 레인저스(추신수 소속)

▎ 2016년 시즌의 막이 오를 때, 시카고 컵스가 강팀이었다

스프링캠프 시범경기에서 승부는 전혀 고려대상이 아니라고 하지만, 워싱턴 내셔널스처럼 19승 4패 승률 .826를 기록한다든가, 애리조나 다이아몬드백스의 24승(8패 승률 .750)처럼 최다승을 기록한 팀은 새

로운 시즌에 앞서 새로운 희망을 만난 느낌이고, 우승후보라더니 11승 19패 승률 .367로 스프링캠프를 마감한 시카고 컵스는 어딘가 찜찜한 기분이 들기는 한다.

하지만 전문가들과 분석가들은 녹록치 않고 예리하다. 길었던 스토브리그와 한 달간의 스프링캠프 시범경기를 모두 마치고 실전에 돌입하기 직전, 세밀하고 날카로운 분석 끝에 스포츠 전문 매체 ESPN이 매긴 파워랭킹 1위는 막강 전력으로 108년만의 우승에 도전하는 시카고 컵스가 차지했다. 세이브 투수가 약간 불안하다는 점을 제외하면 투타에 있어 시카고 컵스가 최고의 전력을 보유한 건 분명해 보였다. 6개월 162경기의 정규 시즌이 모두 끝난 후, 시즌 개막 당시 파워랭킹을 그대로 유지한 팀은 거의 없다. 대부분 팀들이 정규시즌을 거치며 차마 말로하기에는 너무 많은 일들을 겪었고, 팀 전력도 오르락내리락 난리가 아니었다. 정규시즌 103승을 거둔 시카고 컵스의 파워랭킹만이 여전히 1위다. 누가 뭐래도 2016년 시즌은 시카고 컵스를 위한 시즌이었다(개막 주 파워랭킹 26위 오클랜드 애슬레틱스가 시즌 종료 후 파워랭킹이 여전히 26위였다). 야구도 살아있는 생물체처럼 꿈틀꿈틀 움직이고 살아 숨쉰다. 살아 숨쉬는, 그래서 앞으로 무슨 일이 벌어질지 상상조차 안 되는 게 야구다. 흥미진진하지요? 준비됐나요? 그렇다면, 플레이볼!

▎ ESPN 파워랭킹 개막 주(4/2)

1. 시카고 컵스
2. 캔자스시티 로얄스
3. 샌프란시스코 자이언츠
4. 뉴욕 메츠
5. 휴스턴 애스트로스
6. 토론토 블루제이스
7. 세인트루이스 카디널스
8. 보스턴 레드삭스
9. 텍사스 레인저스
10. LA 다저스
11. 피츠버그 파이어리츠
12. 워싱턴 내셔널스
13. 뉴욕 양키스
14. 애리조나 다이아몬드백스
15. 디트로이트 타이거스
16. LA 에인절스
17. 클리블랜드 인디언스
18. 탬파베이 레이스
19. 시애틀 매리너스
20. 시카고 화이트삭스
21. 미네소타 트윈스
22. 마이애미 말린스
23. 볼티모어 오리올스
24. 샌디에이고 파드레스
25. 콜로라도 로키스
26. 오클랜드 애슬레틱스
27. 밀워키 브루어스
28. 신시내티 레즈
29. 애틀랜타 브레이브스
30. 필라델피아 필리스

▎ ESPN 파워랭킹 마지막 주(10/3)

1. 시카고 컵스
2. 보스턴 레드삭스
3. 텍사스 레인저스
4. LA 다저스
5. 워싱턴 내셔널스
6. 클리블랜드 인디언스
7. **볼티모어 오리올스**
8. 토론토 블루제이스
9. 뉴욕 메츠
10. 샌프란시스코 자이언츠
11. 디트로이트 타이거스
12. 세인트루이스 카디널스
13. 시애틀 매리너스
14. 뉴욕 양키스
15. 휴스턴 애스트로스
16. 캔자스시티 로얄스
17. 피츠버그 파이어리츠
18. 마이애미 말린스
19. 시카고 화이트삭스
20. 콜로라도 로키스
21. LA 에인절스
22. 밀워키 브루어스
23. 필라델피아 필리스
24. 애틀랜타 브레이브스
25. 샌디에이고 파드레스
26. 오클랜드 애슬레틱스
27. 신시내티 레즈
28. 탬파베이 레이스
29. **애리조나 다이아몬드백스**
30. 미네소타 트윈스

개막일 기준 연봉 순위 [출처: USA TODAY, 단위: 달러]

1. LA 다저스	223,352,402
2. 뉴욕 양키스	213,472,857
3. 보스턴 레드삭스	182,161,414
4. 디트로이트 타이거스	172,282,250
5. 샌프란시스코 자이언츠	166,495,942
6. 워싱턴 내셔널스	166,010,977
7. LA 에인절스	146,307,373
8. 텍사스 레인저스	144,307,373
9. 필라델피아 필리스	133,048,000
10. 샌디에이고 파드레스	126,369,628
11. 시애틀 매리너스	122,706,842
12. 세인트루이스 카디널스	120,301,957
13. 신시내티 레즈	116,732,284
14. 시카고 컵스	116,654,522
15. 볼티모어 오리올스	115,587,632
16. 캔자스시티 로얄스	112,914,525
17. 토론토 블루제이스	112,895,700
18. 미네소타 트윈스	108,262,000
19. 뉴욕 메츠	99,626,453
20. 시카고 화이트삭스	98,712,867
21. 밀워키 브루어스	98,683,035
22. 콜로라도 로키스	98,261,171
23. 애틀란타 브레이브스	87,622,648
24. 클리블렌드 인디언스	86,339,067
25. 피츠버그 파이어리츠	85,885,832
26. 마이애미 말린스	84,637,500
27. 오클랜드 애슬레틱스	80,279,166
28. 탬파베이 레이스	73,649,584
29. 애리조나 다이아몬드백스	70,762,833
30. 휴스턴 애스트로스	69,064,200

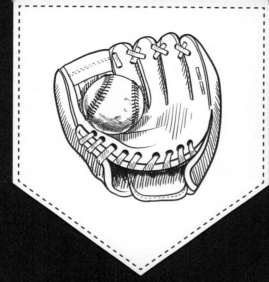

承

꿈으로 가득 찬, 설레는 봄날

잇츠 쇼타임~

2016년 4월 3일(미국 시간), 메이저리그 개막전 사상 처음으로 지난 시즌 월드시리즈 상대 팀인 캔자스시티 로얄스와 뉴욕 메츠의 맞대결로 2016년 메이저리그 시즌이 시작되었다. AL팀과 NL팀, 다른 리그 팀 사이의 대결인 인터리그 경기가 시즌 내내 열리는 것도 얼마 되지 않은 일인데, 월드시리즈 맞대결 팀이 다음 시즌 개막전에 만나도록 일정을 짜둔다는 것은 불가능에 가까운, 돗자리부터 깔아야 할 만큼 몹시 어려운 일이다. 메이저리그 사무국은 이 어려운 일을 해냈다. 결과적으로 2016년 개막전을 2015년 월드시리즈 8차전 같은 경기 분위기로 시작할 수 있었다. 어때? 야구 재미있지?

2017년 시즌 개막전에 예정된 인터리그 경기는 월드시리즈와 아무 상관없는 두 팀인 보스턴 레드삭스 대 피츠버그 파이어리츠 경기다.

피츠버그 파이어리츠 홈 구장 PNC파크

❙ 6개월 162경기 정규시즌 개막

각 팀의 1선발 즉, 에이스가 총출동하는 개막전. 텍사스 레인저스는 개막전에서 시애틀 매리너스의 '킹' 펠릭스 에르난데스에 1안타로 3득점하며 3-2 승리를 챙기는, 간절히 바라면 온 우주가 나서서 도와주는 야구를 첫 판부터 보여줬다.

❙ 2016년 메이저리그 팀별 승리전적 및 개막전 선발 투수

- -

· **팀명 - 2016년 개막전 선발 투수**(2016년 성적)

QS	승	승-QS	선발 방어율

* QS: 해당 팀의 2016년 총 QS수

승: 해당 팀의 2016년 총 승리수

승-QS: 해당 팀의 2016년 총 승리 수에서 총 QS수를 뺀 값

선발 방어율: 2016년 해당 팀 선발 투수들의 평균 방어율

- -

<아메리칸리그>

· 볼티모어 오리올스 - 크리스 틸먼(16승 6패 3.77)

69	89	**20**	4.72

· 보스턴 레드삭스 - 데이비드 프라이스(17승 9패 3.99)

87	93	6	4.22

· 뉴욕 양키스 - 마사히로 다나카(14승 4패 3.07)

70	84	14	4.44

· 탬파베이 레이스 - 크리스 아처(9승 19패 4.02)

74	68	-6	4.26

· 토론토 블루제이스 - 마커스 스트로맨(9승 10패 4.37)

100	89	-11	**3.64**

- 시카고 화이트삭스 – 크리스 세일(17승 10패 3.34)

  | 95 | 78 | **-18** | 4.33 |

- 클리블랜드 인디언스 – 코리 클루버(18승 9패 3.14)

  | 81 | 94 | 13 | 4.08 |

- 디트로이트 타이거스 – 저스틴 벌랜더(16승 9패 3.04)

  | 72 | 86 | 14 | 4.25 |

- 캔자스시티 로얄스 – 에디슨 볼퀘즈(10승 11패 5.37)

  | 68 | 81 | 13 | 4.67 |

- 미네소타 트윈스 – 어빈 산타나(7승 11패 3.38)

  | **59** | 59 | 0 | **5.39** |

- 휴스턴 애스트로스 – 달라스 카이클(9승 12패 4.55)

  | 77 | 84 | 7 | 4.37 |

- LA 에인절스 – 개럿 리차즈(1승 3패 2.34)

  | 64 | 74 | 10 | 4.60 |

- 오클랜드 애슬레틱스 – 리치 힐(12승 5패 2.12)

  | 69 | 69 | 0 | 4.84 |

- 시애틀 매리너스 – 펠릭스 에르난데스(11승 8패 3.82)

  | 74 | 86 | 12 | 4.25 |

- 텍사스 레인저스 – 콜 해멀스(15승 5패 3.32)

  | 84 | 95 | 11 | 4.38 |

<내셔널리그>

- 애틀란타 브레이브스 – 훌리오 테에란(7승 10패 3.21)

  | 64 | 68 | 4 | 4.87 |

- 마이애미 말린스 – 천 웨인(5승 5패 4.96)

  | 63 | 79 | 16 | 4.32 |

- 뉴욕 메츠 - 맷 하비(4승 10패 4.86)

  | 87 | 87 | 0 | 3.61 |

- 필라델피아 필리스 - 제레미 헬릭슨(12승 10패 3.71)

  | 79 | 71 | **-8** | 4.41 |

- 워싱턴 내셔널스 - 맥스 슈어저(20승 7패 2.96)

  | 92 | 95 | 3 | 3.60 |

- 시카고 컵스 - 제이크 아리에타(18승 8패 3.10)

  | **100** | 103 | 3 | **2.96** |

- 신시내티 레즈 - 라이셀 이글레시아스(3승 2패 6세이브 2.53)

  | 67 | 68 | 1 | 4.79 |

- 밀워키 브루어스 - 윌리 페랄타(7승 11패 4.86)

  | 62 | 73 | 11 | 4.40 |

- 피츠버그 파이어리츠 - 프란시스코 리리아노(8승 13패 4.69)

  | 68 | 78 | 11 | 4.67 |

- 세인트루이스 카디널스 - 아담 웨인라이트(13승 9패 4.62)

  | 83 | 86 | 3 | 4.33 |

- 애리조나 다이아몬드백스 - 잭 그레인키(13승 7패 4.37)

  | 62 | 69 | 7 | **5.19** |

- 콜로라도 로키스 - 호르헤 데라로사(8승 9패 5.51)

  | 78 | 75 | -3 | 4.79 |

- LA 다저스 - 클레이튼 커쇼(12승 4패 1.69)

  | **60** | 91 | **31** | 3.95 |

- 샌디에이고 파드레스 - 타이슨 로스(1패 11.81)

  | 69 | 68 | -1 | 4.61 |

- 샌프란시스코 자이언츠 - 매디슨 범가너(15승 9패 2.74)

  | 85 | 87 | 2 | 3.71 |

*동부-중부-서부지구 순, 각 지구별 알파벳 순서

시즌 개막전 선발 투수는 선수 개인에게 더 없이 영광스러운 기회다. 하지만 몇 팀(예를 들어 라이셀 이글레시아스가 개막전 선발로 나선 신시내티 레즈나 원래 내정됐던 개막전 선발인 소니 그레이의 부상으로 인해 리치 힐로 교체된 오클랜드 애슬레틱스 등)에게는 당혹스런 시즌의 출발이었다. 애리조나 다이아몬드백스의 에이스 잭 그레인키는 신인 트레버 스토리에게 홈런 두 방을 허용한 것을 포함, 4이닝 7실점으로 처참하게 시즌을 시작했다. 샌디에이고 파드리스의 에이스 타이슨 로스 역시 개막전에서 8실점하고 부상 이탈, 시즌이 끝날 때까지 돌아오지 못 해, 2016년 시즌 개막전 참사가 시즌의 유일한 등판이었다. 첫 경기부터 여기저기서 '상상초월!' '예측불허!'가 발생했다.

┃ QS 경기만큼은 반드시 이겨야 할 텐데

6개월간의 장기 레이스를 치르는 모든 프로야구 팀의 첫 번째 소망은 '선발 로테이션'이 안정적이고, 부드럽게 그리고 가끔은 강!력!하!게! 돌아가는 것이다. 6이닝 3자책을 의미하는 퀄리티스타트(QS: Quality Start)가 좋은 선발의 기준이 맞긴 하냐는 의구심이 세이버 매트릭스의 시대에 존재하는 것이 사실이다. 하지만 시즌이 끝나고 보면 162경기 중 선발 투수의 퀄리티스타트 횟수는 팀 마운드 사정의 많은 것을 말해준다.

나란히 100번의 퀄리티스타트를 기록하며 양대 리그 최다를 기록한, 즉 안정된 선발진을 가진 시카고 컵스와 토론토 블루제이스는 월드시리즈와 리그챔피언십시리즈까지 진출한 강팀이었다. 그리고 당연히 양대 리그의 선발 방어율 1위 팀이었다.

하지만 예외 없는 법칙은 없고, 세이버 매트릭스 시대에 "웬 '퀄리티 스타트'냐"고 항변하듯, 퀄리티스타트 숫자가 모든 것을 말해주진 못한다. 리그 최소 퀄리티스타트를 기록한 LA 다저스와 미네소타 트윈스의 운명은 정반대였다. 타선도 별로, 불펜도 별로, 심지어 수비도 별로였던 미네소타는 59번의 퀄리티스타트 딱 그 숫자 만큼인 59승을 거두었던 데 반해, 불펜 방어율이 30팀 중 1위에다, 코리 시거, 저스틴 터너, 애드리안 곤잘레스가 근엄하게 버틴 타선도 괜찮았던 LA 다저스는 선발 투수들의 퀄리티스타트가 고작 60번에 불과했지만 그보다 무려 31승이나 많은 91승을 챙기며 정규시즌 NL 서부지구 우승을 차지했고, 포스트시즌에서도 NLCS(내셔널리그 챔피언십시리즈)까지 진출하는 쾌거를 이루었다. 선발 좀 약하면 어때! 신통방통한 LA 다저스였다.

선발 투수가 가장 억울한 팀은 누가 뭐래도 시카고 화이트삭스의 선발진이었다. 크리스 세일(퀄리티스타트 23회), 호세 퀸타나(퀄리티스타트 23회), 카를로스 로돈(퀄리티스타트 17회), 미겔 곤잘레스(퀄리티스타트 15회) 등 탄탄한 선발진은 30팀 중 세 번째로 많은 무려 95번의 퀄리티스타트를 기록했지만 타선이 안 터졌든, 불펜이 날려먹었든 QS보다 17번이나 적은, 5할에도 못 미치는 78승을 거두고 AL 중부지구 5팀 중 4위를 기록하는데 그쳤고, 결국 시즌 종료와 동시에 로빈 벤츄라 감독은 해임되었다. 침묵하는 타선과 불타는 불펜으로 엉망진창이 된 팀이 시카고 화이트삭스였다.

불펜이 든든해야 강팀이 되는 시대

선발 투수 이야기를 하다 보니, 현재의 야구는 자고로 '불펜의 시대'

아니던가 하는 생각이 퍼뜩 든다.

지금부터 딱 100년 전인 1916년 완투를 가장 많이 한 투수는 워싱턴 세네이터스의 월터 존슨으로 38경기 선발 등판해 36경기를 완투했다. 100년 후, 2016년 시즌에 30개 팀 중 밀워키 브루어스, 뉴욕 양키스, 토론토 블루제이스, 마이애미 말린스 4팀은 완투 경기가 한 경기도 없으며, 7팀이 딱 1경기의 완투 경기가 있었다. 30팀 중 21팀이 선발 투수 완투 경기가 세 경기가 채 안 된다(30개 팀 완투 합계는 83경기). 불펜 없이는 야구가 안 끝난다고 월터 존슨이 하늘에서 한탄할 일이지만, 좋고 나쁘고의 문제가 아니라 그냥 야구가 달라진 거다.

531완투, 110완봉을 포함해 417승 279패를 기록한 월터 존슨은 무려 21년간 선수 생활을 했다. 요즘 한국에서 유행하는 혹사 논란 따위는, X나 갖다줘버려! 아니다. 그냥 야구가 그때랑 다른 거다.

▎불펜 방어율 순위

LA 다저스	방어율 3.35	32승 22패	47세이브	22블론
워싱턴 내셔널스	방어율 3.37	23승 23패	46세이브	14블론
볼티모어 오리올스	방어율 3.40	32승 15패	54세이브	14블론
클리블랜드 인디언스	방어율 3.45	28승 20패	37세이브	11블론
캔자스시티 로얄스	방어율 3.45	31승 24패	41세이브	19블론
뉴욕 메츠	방어율 3.53	29승 20패	55세이브	16블론
시애틀 매리너스	방어율 3.55	24승 23패	49세이브	25블론
시카고 컵스	방어율 3.56	22승 19패	38세이브	15블론
보스턴 레드삭스	방어율 3.56	25승 27패	43세이브	18블론

휴스턴 애스트로스	방어율 3.56	27승 19패	44세이브	20블론
피츠버그 파이어리츠	방어율 3.57	28승 22패	51세이브	20블론
밀워키 브루어스	방어율 3.61	23승 25패	46세이브	22블론
세인트루이스 카디널스	방어율 3.62	28승 21패	38세이브	17블론
마이애미 말린스	방어율 3.63	32승 29패	55세이브	29블론
샌프란시스코 자이언츠	방어율 3.65	25승 24패	43세이브	30블론
뉴욕 양키스	방어율 3.67	36승 19패	43세이브	16블론
시카고 화이트삭스	방어율 3.68	24승 22패	43세이브	28블론
LA 에인절스	방어율 3.77	24승 22패	29세이브	21블론
애틀란타 브레이브스	방어율 3.95	28승 29패	39세이브	19블론
오클랜드 애슬레틱스	방어율 4.01	26승 26패	42세이브	23블론
탬파베이 레이스	방어율 4.09	20승 33패	42세이브	18블론
토론토 블루제이스	방어율 4.11	23승 32패	43세이브	22블론
샌디에이고 파드레스	방어율 4.18	25승 20패	35세이브	18블론
디트로이트 타이거스	방어율 4.22	30승 20패	47세이브	19블론
텍사스 레인저스	방어율 4.40	41승 20패	56세이브	17블론
미네소타 트윈스	방어율 4.63	22승 32패	26세이브	20블론
애리조나 다이아몬드백스	방어율 4.94	23승 24패	31세이브	22블론
필라델피아 필리스	방어율 5.05	23승 28패	43세이브	20블론
신시내티 레즈	방어율 5.09	23승 32패	28세이브	25블론
콜로라도 로키스	방어율 5.13	22승 29패	37세이브	28블론

불펜 방어율이 3.50 이하이면 '특급 불펜진'이라 불러도 좋을 것이며, 불펜 방어율이 4.00을 넘는데도 팀 승률 5할 이상을 기록한 팀(토

론토, 디트로이트, 텍사스)의 감독들에겐 시원한 음료수 한 잔 건네고 싶은 심정이다. 그런데 곰곰이 생각해보면 마음고생이 많았을 텐데 위로라도 한 마디 건네고 싶은 마음과 그 마음고생이란 게 따져보면 감독 본인이 불펜을 잘못 운영해 벌어진 일은 아닌가 하는 생각이 동시에 든다. 둘 중 뭐가 정답이든 매일 안타와 실점에 시달리는 불펜을 보고 있자면 벌컥벌컥 뭐라도 들이키고 싶은 마음일 것 같다.

야구 통계 중 어느 항목이 팀 순위와 가장 밀접한지에 대한 해묵은 논의는 여전히 끝나지 않고 계속되고 있다. 나는 타격 지표 중에서는 득점권 타율이, 투수력 지표 중에서는 불펜 방어율이 승리와 상관관계가 가장 높을 것이라는 가설을 갖고 있다. 지금까지 얻은 결론은? 늘 같다. "제길, 야구 잘 모르겠다."는 거다.

언제나 잘 모르는 야구. 야구 시즌은 봄소식과 함께 시작되고, 뭘 알거나 모르거나, 말거나 야구팬은 야구 시즌이 시작하면 마냥 즐겁고 신난다. 야구는 즐거움이다!

It's Show Time!

봄날의 짧은 꿈, 一場春夢

서브웨이 시리즈를 꿈꾼 시카고 지하철역

다른 사람은 몰라도 나는 그랬다. 새 학년이 시작되는 봄이면, '나는 학생이니까, 올해는 딴 짓(?) 안하고, 공부만 열심히 해야지!' 다짐을 하고 새 기분과 새 희망에 부풀곤 했다. 직장인이 된 후에는 설날 연휴가 지날 즈음이면 어김없이, '올해는 더 많이 공부해 좋은 광고를 만들고야 말테다', '영업도 열심히 해서 실적도 많이 올려야지'라는 꿈과 희망에 들뜨곤 했다. 봄은, 새로운 다짐하기 좋은 계절이다.

꿈 하나, 시카고 서브웨이 시리즈를 꿈 꾼 컵스와 화이트삭스

2016년 시즌을 앞두고 시카고 컵스는 가장 강력한 우승후보였다. 3

루수 크리스 브라이언트, 유격수 애디슨 러셀, 1루수 앤쏘니 리조, 좌익수 혹은 포수 카일 슈와버, 우익수 제이슨 헤이워드 등 청량감을 가진 상쾌한 젊은 이름들이 넘쳐나는 타선, 2015년 NL 사이영상 투수가 된 제이크 아리에타, 우승 경험 풍부한 '빅게임 피처' 존 레스터, 믿음직한 노장 존 래키, 하위 로테이션 투수로 분류되기에는 기량이 차고 넘치는 카일 헨드릭스와 제이슨 해멀로 구성된 특급 선발 투수, 2015년 캔자스시티 로얄스의 월드시리즈 우승의 일등 공신인 베테랑 벤 조브리스트와 우승을 위해 한 시즌 더 머물기로 한 중견수 덱스터 파울러 등 마무리 투수가 조금 아쉽다는 느낌을 제외하고는 우승후보가 되기에 전혀 손색이 없는 라인업을 자랑했다.

시카고 컵스는 예상대로 개막 3연승을 포함, 8승 1패로 2016년 시즌을 열었다. 생각과 기대, 전문가의 분석 이상으로 무시무시한 전력이었다. 선발 투수들은 역시 견고했다. 4월 한 달, 시카고 컵스 선발 투수들은 도합 14승을 기록했다. 14승을 기록한 팀도 얼마 없는데, 선발 14승을 기록한 것은 시카고 컵스의 2016년 시즌 100승을 향한 여정이 순조롭게 시작했다는 것을 알리는 반가운 소식이었다. 선발 승리가 많다는 것은 선발 투수가 마운드에 올라와 있는 동안 타선과 수비에서 리드를 유지하고 있는 경우가 많았다는 이야기다. 파울러, 조브리스트, 리조, 브라이언트로 이어져 헤이워드, 러셀로 마무리 되는 타선과 수비도 우승 전력이 확실했다. '스치기만 해도 홈런'일 것 같은 파워를 과시한 카일 슈와버가 불과 2경기 만에 시즌 아웃 부상을 당했지만 공백은 거의 느껴지지 않았다. 6개월 중 불과 1개월일 뿐이고, 미리 설레발을 치는 건 야구를 보는 사람의 옳은 자세가 아니라고 스스로 주의를 줬지만, 시카고 컵스의 4월 성적 17승 5패 승률 .773는 충격이었다. 4월 21일 제이크 아리에타는 2년 연속 노히트 경기에 성공했다. 아리에타는 4월 5승 무패 방어율 1.00을 기록했는데, 제이슨 해멀의 3승 무패 방어율 0.75에 이은 팀 내 방어율 2위였다.

겨울이면 돈을 쓰긴 하는데 헛돈 쓴 인상을 많이 풍기던 시카고 화이트삭스도 4월이 더 없이 따뜻했다. 최근 몇 시즌 스포트라이트는 스타군단 디트로이트 타이거즈와 월드시리즈 우승팀 캔자스시티 로얄스에 빼앗기고, 경기는 적당히 이기고, 질 경기는 빠짐없이 지면서 시간 메우듯 시즌을 보내는 팀, 어딘가 나사가 풀렸거나 맥 빠진 팀, 시카고 화이트삭스가 시즌 초반 승리의 질주를 했다. 크리스 세일, 호세 퀸타나라는 왼손 원투펀치가 연일 호투를 거듭했다. 크리스 세일 5경기 5승 무패 방어율 1.66, 호세 퀸타나 3승 1패 방어율 1.47, 그리고 뜬금없는 맷 레이토스 4승 무패 방어율 1.84 맹활약까지 선발진이 봄기운 가득하게 팀을 이끌었고, 3루수 토드 프레지어(4월 7홈런 17타점), 외야수 아담 이튼(4월 28안타, 출루율 .368)이 화답했다. 4월 30일 아메리칸리그 승률 1위는 17승 8패 승률 .680의 시카고 화이트삭스였다. 텍사스 레인저스나 보스턴 레드삭스가 다 저 아래 있었다. "우리 시즌 우승하고, 컵스랑 같이 월드시리즈 가는 거야?" 봄날에 꾸는 꿈은 한없이 달콤했다.

꿈 둘, 우리는 강하다. 가을 야구 가고 말테다. 볼티모어 오리올스

아메리칸리그 동부지구, 알파벳 철자로 인해 '알(AL)동부'라고 불리는 지구는 항상 가장 뜨거운 지구다. 전통의 강호이며, 최고 인기 팀인 뉴욕 양키스와 라이벌 보스턴 레드삭스의 영향이다. 볼티모어 오리올스, 토론토 블루제이스는 화제의 중심에 서기 쉽지 않다. 2015년 시즌 리그 챔피언십시리즈까지 진출한 토론토 블루제이스와 달리 '정말 이런 선발 투수로 시즌을 치를 계획인가'라는 놀림이 어울리는 볼티모어 오리올스는 김현수 선수가 진출했다는 것 말고는 크게 관심을 가질 이유가 없는 팀이었다. 아무리 홈런이 좋아도 그렇지 비효율의 상징과 같은 1루수 크리스 데이비스에게 1억 6,100만 달러를 지불한 것도 손가락질의 대상이 되었다. "쯧쯧" 하고 전문가들이 혀를 찼다.

그런데 막상 시즌이 시작하니 그게 아니었고, 볼티모어 오리올스는 7연승으로 시즌을 시작했다. 비록 선발은 볼 품 없지만, 마이클 기븐스, 대런 오데이, 브래드 브락, 잭 브리튼으로 이어지는 막강 불펜진은 기대보다 훨씬 강했다. 그리고 2016년 야구의 흐름은 불펜의 야구였다.

볼티모어 오리올스의 승리 방정식은 단순했다. 6회까지 크게 지고 있지만 않으면 된다. 2점 쯤 뒤져 있어도 불펜이 버텨주고 그 사이 '붕붕' 방망이를 돌리며 타석에 등장한 누군가 홈런을 때려 경기를 뒤집고, 다시 불펜이 틀어막아 이기는 단순한 승리 방정식이었다. 홈런과 불펜 그리고 탄탄한 내야 수비로 구성된 볼티모어의 야구는 생각 이상으로 강했다. 4월이 끝날 때, 6월, 그리고 7월이 끝날 때에도 볼티모어는 '알동부' 순위표 맨 위에 자리하고 있었다.

하지만 선발 로테이션이 약한 팀은 장기 페넌트 레이스에선 위기가 오기 마련이고, 아메리칸리그 동부지구에는 보스턴 레드삭스와 토론토 블루제이스가 역시 강력했다. 따스하던 봄날이 지나가고, 무더운 여름날이 길어지면서 볼티모어는 슬금슬금 뒷걸음치기 시작했고, 선발이 강한 토론토 블루제이스와 데이비드 오티스, 무키 베츠, 핸리 라미레스를 중심으로 타선이 살아난 보스턴 레드삭스가 볼티모어의 꿈과 희망을 넘어서기 시작했다. 아, 깨어나기 싫은 봄날의 꿈이어라.

┃꿈 셋, 짝수 해 마다 우승하는 시나리오. 그거 괜찮다.
샌프란시스코 자이언츠

2010년 텍사스 레인저스, 2012년 디트로이트 타이거스, 2014년 캔자스시티 로얄스를 월드시리즈에서 누르고 우승을 차지했던 '짝수 해의 강자' 샌프란시스코 자이언츠에게 희망의 짝수 해가 다시 돌아왔다. '짝수 해니 우리가 우승할 차례다', '아니다. 세 번 가지고 무슨 징크스냐'라는 작은 논란이 있었다. 징크스는 그것을 징크스라고 믿는 사람에게만 징크스가 된다. 샌프란시스코에 있는 야구팬과 팀 관계자와 선수들은 모두 그걸 짝수 해의 행운이라고 믿고 싶었다.

짝수 해를 맞이하는 샌프란시스코 자이언츠는 선발 로테이션에만 2억 달러를 투자해 캔자스시티 로얄스 우승의 주역 쟈니 쿠에토와 구위만큼은 나무랄 데 없는 제프 사마자를 데리고 와서 전력도 좋아졌겠다, 끈끈한 수비와 응집력 있게 뭉친 타선이야 본래 괜찮은 팀이니 '짝수 해 우승'이 다시 한 번 가능해 보였다. 4월 출발은 썩 순탄치 않았으나, 수비가 좋은 팀은 쉽게 지지 않는 법. 포수 버스터 포지, 2루수 조 패닉, 유격수 브랜든 크로포드가 다이아몬드 중심에 떡하고 버틴 샌프란시스코 자이언츠는 큰 실수 없이 이길만한 경기는 꼬박꼬박 잘 이겼고, 메이저리그 팀 중 가장 많이 이기는 팀이 되었다. 5월 21승 8패 +13, 6월 17승 10패 +7을 기록하며 짝수 해답게 쭉쭉 치고 나갔다. 올스타전을 앞두고 막강 전력의 시카고 컵스가 짧게나마 슬럼프에 빠졌고(6월 30일부터 7월 10일 올스타전 휴식기까지 시카고 컵스 2승 9패, 샌프란시스코 8승 2패), 이로 인해 샌프란시스코는 7월 4일 드디어 NL 서부지구가 아니라 메이저리그 전체 30팀 중 승률 1위 팀이 되었으며, 그 기세를 그대로 이어 올스타전 휴식기를 맞이했다. 2016년 시즌 전반기 전체 1위는 57승 33패 승률 .633 샌프란시스코 자이언츠였다. 2016년은 짝수해다.

하지만 샌프란시스코의 짝수 해 행운은 2016년 시즌 전반기까지만 유효한 행운이었다는 게 금세 증명됐다. 시작과 동시에 6연패를 포함해 자이언츠는 후반기를 2승 11패로 출발하며 날개 없는 추락을 했다. 전반기에 메이저리그 전체 최다 블론세이브를 기록하며 불안하던 불펜진은 후반기에 완전히 본색을 드러냈다. 7회까지 2점의 리드를 날려먹는 것쯤은(볼티모어와 정반대였다) 일상다반사로 느껴질 정도로 계속 사고를 쳤다. 2010년대 샌프란시스코 자이언츠 짝수 해 전성기를 든든히 지켜주던 노장 불펜 듀오 산티아고 카시아와 하비에르 로페즈는 '못 믿을 듀오'로 돌변했고, 과거의 마무리 투수 서지오 로모를 임시 마무리로 올리기도 했지만 덕아웃에서 보고 있기엔 불안한 마음이 가실 줄을 몰랐다. 결국 시즌 팀 30블론세이브로 30팀 중 최다를 기록한 가련한 불펜 덕에 전반기에 벌어놓은 승수를 전부 까먹고 메이저리그 전체 2위가 아닌, NL 서부지구 5팀 중 2위로 간신히 와일드카드 포스트시즌에 올라가는 데 만족해야했다. 마지막으로 기댔던 짝수 해 우승의 꿈 역시 시카고 컵스와의 디비전시리즈 4차전, 9회 3점 리드를 지키지 못한 불펜의 붕괴와 함께 탈락하는 대참사로 끝을 맺었다.

시카고 서브웨이 시리즈라는 꿈도, 변변찮은 선발 투수 없이 홈런과 불펜으로 우승 한 번 해보자던 볼티모어의 야망도, '짝수 해는 우리 해'를 주장하던 샌프란시스코의 일장춘몽도 깨어나 보니 모두 헛된 꿈이었다.

그래도 2016년이란 힘겨운 숫자를 욱여넣듯 힘겹게 넘기는 지금, 꿈조차 없는 사람이나 팀 보다는 그래도 꿈을 가진 쪽이 발전하고, 언젠가 영광을 누리게 될 가능성이 조금이라도 높지 않느냐고 목 놓아 외친다. 단, 꿈에 맞는 노력을 게을리 하지는 말아야겠지만 말이다. 무엇보다 당신이 누구건 희망을 잃지 마시기를 소망한다. 2016년을 보내고 2017년을 맞이하는 기분이 그렇다.

서프라이즈~

9월 로스터 확장 전까지 메이저리그 30개 팀은 25명의 선수를 로스터에 놓는다. 곱하기를 해보면 750명이다. 부상이나 부진으로 로스터에서 빠지는 선수, 마이너리그에서 메이저리그로 올라오는 선수를 합치면 대략 1,000명이 훌쩍 넘으며, 9월에는 로스터가 40인으로 확대되면서 '메이저리그 야구 선수'의 숫자는 또 늘어난다. 나는 메이저리그에 관한 책을 쓰는 사람이고, 남들보다 메이저리그를 훨씬 많이 보는 사람임이 분명한데 그래도 메이저리그 선수 모두를 아주 잘 알지는 못한다. 좋아하는 팀의 선수들, 직접 보고 참 야구를 잘한다고 느낀 선수도 있고, 슈퍼스타라서 아는 선수, 사고뭉치로 알고 있는 선수 등 다양한 이유로 선수와 팀을 접한다. 그래도 전부 잘 알진 못한다.

매년 팬들을 깜짝 놀라게 하는 선수가 있다. 별로 유명하지 않았는데 느닷없이 홈런을 펑펑 치거나, 강속구나 폭포수 같은 커브로 삼진을 척척 잡아내거나, 신기에 가까운 수비 솜씨로, 절대 잡히지 않을 것 같은 재빠른 도루로 놀라운 장면을 연출하는 선수들이 있다. 주목받지 못한, 유명하지 않은, 그래서 기대가 별로 없었던 선수들의 활약은 의외라서 재미도 있고 감동도 크다.

▍너 이름이 뭐니? 트레버 스토리입니다

콜로라도 로키스 주전 유격수는 호세 레이예스였다. 타격왕, 도루왕을 차지한 경험도 있는 베테랑 내야수다. 그런데 레이에스가 겨울에 가정 폭력 문제를 일으켰고, 출장 정지를 받았다. 눈살 찌푸려지는 소식인데 어쨌든 수혜자가 한 명은 있었다. 2016년 시즌 개막전부터 레이에스를 대신해 메이저리그 데뷔전을 치르게 된 신인 유격수 트레버 스토리였다. 스토리는 드래프트 당시 1라운드(2011년 1라운드 45번)에 뽑힐 정도로 기대를 받는 선수이긴 했으나, 2016년 시즌을 앞두고는 유망주 100위 안에 이름을 올리지 못했고, 그리 주목받은 선수는 아니었다. 그런 스토리가 개막전에서 애리조나의 에이스 잭 그레인키를 상대로 2홈런을 포함, 4경기 연속 홈런을 기록했다. 4경기에 터진 홈런은 모두 6개였다! '서프라이즈~'

휴스턴 애스트로스의 누군지 더 모르는 1루수 타일러 화이트(2013년 드래프트 33라운드 977번) 역시 시즌 개막과 데뷔 5경기 만에 10안타 3홈런 9타점을 쏟아냈다. 타일러 화이트는 개막 첫 주 타율 .556 OPS 1.758 3홈런 9타점, NL 트레버 스토리는 6경기 7홈런 12타점 타율 .333 OPS 1.468를 기록, 신인 두 선수가 양대 리그 시즌 첫 주간 MVP를 휩쓰는 사상 초유의 이변을 연출했다. 진짜 서프라이즈 했다. 전문가들의 세밀한 예상에도 불구하고 정작 시즌이 열리면 야구란 결국 아무도 모르는 이야기라는 게 금세 증명된다. 야구는 인생을 닮았다.

시작부터 깜짝 쇼를 보인 타일러 화이트는 언제 그랬냐는 듯 급전직하 하강 곡선을 그리고 제자리(?)로 돌아간 데 반해 콜로라도의 트레버 스토리는 신인 유격수 최다 홈런 기록 정도는 가뿐하게 넘어설 기세를 유지했다. 그러나 결국 스토리는 손가락 부상으로 인해 7월 말 시즌 아웃이 되면서 유망주 1위 LA 다저스의 유격수 코리 시거가 신인에게 허락된 거의 모든 영광을 싹쓸이하는 것을 망연자실 지켜봐야만 했다.

▌새로운 홈런왕 마크 트럼보!

시즌 예상에서 홈런왕 예상만큼 쉬운 게 없다. 홈런왕은 아무나 차지할 수 있는 타이틀이 아니다. 소위 싹수가 다른 선수들의 몫이기 때문에, 별일 없으면 전 시즌 홈런왕이 새 시즌에도 가장 강력한 홈런왕 후보가 된다(그렇지만 홈런왕 2연패가 쉽지는 않다). AL의 크리스 데이비스와 마이크 트라웃, 넬슨 크루즈, NL의 브라이스 하퍼, 놀란 아레나도 등 홈런왕 레벨의 이름들이 여전히 홈런왕이 될 후보 1순위 군을 차지하고 있었다. 시즌이 시작되고 몇 선수가 깜짝 폭발력을 보여주긴 했지만 어느 순간 돌아보면 4월 홈런 1위 놀란 아레나도(콜로라도), 5월 홈런 1위 크리스 데이비스(볼티모어)처럼 익숙한 선수들이 상위권에 자신들의 이름을 올려놓곤 한다. 그게 홈런 레이스다.

마크 트럼보. 타율은 별로인데 홈런은 제법 치는, 수비는 1루수나 외야수 어디에도 불안해서 주전 자리를 선뜻 내어주기 그렇고, 그렇다고 처치하기도 곤란한 선수. 왕년에 30홈런-100타점을 기록했음에도 3할이 안 되는 출루율로 '효용성 별로'라는 소리를 들으며 LA 에인절스를 떠난 후 3년, 애리조나 다이아몬드백스, 시애틀 매리너스를 거쳐 볼티모어 오리올스까지 팀을 옮겨 다니며 그냥저냥 저니맨이 되는 것 같았던 선수였다.

AL 홈런왕 경쟁에서 에드윈 엔카나시온(토론토), 넬슨 크루즈(시애틀)가 초반 부진한 틈을 타 토드 프레지어(시카고 화이트삭스), 로빈슨 카노(시애틀)가 조금 앞서 나갔지만, 이래선 흥행에 문제가 있었다. 마이크 트라웃(LA 에인절스), 브라이스 하퍼(워싱턴)가 기대와 달리 홈런을 쌓지 못하는 와중에 마크 트럼보가 한 방 한 방 홈런을 담장 너머로 넘기며 큰 걸음으로 전진했다. 단 한 번도 월간 홈런 10개를 넘기지 못했지만 (4월 6개, 5월 9개, 6월 8개, 7월 7개), 7월이 끝날 때 이미 30홈런을 넘어서고 있었고, 마침내 8월 10홈런을 기록하면서 홈런왕 레이스에 종지부를 찍었다. 새로운 홈런왕 트럼보가 탄생했다.

어라? 썰렁하다. 홈런왕이 시즌 후 FA가 되었지만 여전히 마크 트럼보를 바라보는 시선은 비슷하다. 달라진 점이라면 홈런 '제법' 치는 선수에서, 홈런은 '정말' 잘 때리는 선수 정도의 위상 변화랄까. 그런데 그래도 새로운 홈런왕인데, 놀라는 척이라도 해줘야 하지 않을까. 프로의 세계는 참으로 냉정하다.

▌ 아빠 힘내세요. 데이비드 오티스

몇 년 전부터 슈퍼스타급 선수가 미리 은퇴 선언을 하고 시즌 도중 원정 경기에서 선물과 기립박수의 환대를 받는 은퇴 투어를 가지는 일이 유행처럼 번졌다. 이미 500홈런 1,600타점을 넘긴 보스턴 레드삭스의 슈퍼스타 데이비드 오티스가 시즌 후 은퇴를 선언했다.

만 40세 선수의 20번째 시즌이니 뭐 그럴 때가 되었다고 생각했다. 무리할 필요 없이, 그저 다치지 말고 가끔 경기에 나와 홈런과 타점을 적당히 올리다가 은퇴하려나 보다 하고 생각했는데 그러기엔 오티스

의 젊음은 펄펄 끓고 있었다. 이게 뭔 일이냐? '서프라이즈~'

투수의 실투는 마치 40세 오티스 앞에서 겁을 먹고 멈춰 선 것처럼 보였다. 마지막 시즌인데 실투는 하나도 놓치지 않겠다고 결심한 노장 선수는 차곡차곡 담장을 넘겼다. 불꽃처럼 활활 타는 오티스의 방망이는 좀처럼 식을 줄 몰랐고, 데뷔 후 두 번째로 많은 151경기에 나서 맹타를 휘둘렀다. 야구 후배들 앞에서 다른 것 아닌 바로 '야구'로 모범을 보였다. 상상 이상의 활약으로 끝까지 공포의 대상인 오티스에게 상대 팀들은 열심히 이별 선물을 잔뜩 챙겨줬다. 잘 가라며, 빨리 가라며, 다시는 우리 팀 상대로 홈런 같은 것 칠 생각 하지 말라며 선물을 듬뿍 안겼다.

결국 만 40세(시즌 종료 얼마 후 만 41세가 되었다)의 데이비드 오티스는 마지막 시즌에 메이저리그 전체 장타율 1위, OPS 1위, 2루타 1위에 아메리칸리그 타점 1위를 기록했다. 타율 .315 38홈런 127타점으로 3할-30홈런-100타점을 가뿐하게 넘었다. 클리블랜드와 치른 디비전시리즈 결과(9타수 1안타, 팀은 3연패 탈락)가 아쉽긴 했지만, 1975년생 데이비드 오티스의 마지막 시즌은 MVP급 활약으로 화려하게 끝났다. 마이너리거였던 텍사스(메이저 기록 없음) 시절과 별 볼일 없던 미네소타 시절을 거쳐, 화려하게 피어난 보스턴 레드삭스 시절까지 메이저리그에서 총 20시즌을 보내고 541홈런(17위), 1,768타점(22위), 2,472안타, 2루타 632개(10위)의 훌륭한 통산 성적표도 받아들었다.

그래, 잘했으니 이제 잘 가라. 다시는 오지 마라.

난 양키스 팬이다.

┃ 2016년 시즌 방어율 1위 카일 헨드릭스와 애런 산체스

시즌이 시작될 때까지 시카고 컵스 4선발 카일 헨드릭스와 토론토 블루제이스의 불펜인지 선발인지 헷갈리는 유망주 애런 산체스는 주목은 고사하고 거의 무관심 선수에 가까웠다.

몇 년 전, 시카고 컵스가 텍사스 레인저스에서 트레이드 해 온 헨드릭스의 가장 특별한 점은 명문 다트머스대학 출신이라는 것이었다. 아이비리그 대학 출신이니 두뇌가 명석할 것 같긴 한데, 공을 머리로 던지는 건 아니지 않은가. 이리저리 둘러봐도 4선발 이상은 못할 듯 했다. 비쩍 마른 체격은 평범할 뿐이고, 공 빠르기는 메이저리그 평균에 훨씬 못 미치고(90마일 이상의 공이 없다) 그저 선발 로테이션이나 잘 지켜주면 고마운 선수였다. 그런데 뚜껑이 열리자 카일 헨드릭스가 만난 상대 팀들은 더부룩하게 소화불량이라도 걸린 아저씨 마냥 뭔가 답답해했고, 도무지 일이 풀리지 않아 짜증나는 표정들이었다. 일이 풀리는 팀에 우주의 기운이 모여 시카고 컵스를 돕는 느낌이다. 4선발 투수 카일 헨드릭스의 느린 직구, 더 느린 체인지업은 너울너울 춤을 추며 상대 타자들을 쓰러뜨렸다. 한 이닝 한 이닝 열심히 막아내고, 매 경기 소중히 여기고 마운드에 올랐더니 16승을 거두었다. 방어율 순위에서 제이크 아리에타, 존 레스터 등 팀 동료들은 물론이고, 매디슨 범가너(샌프란시스코), 노아 신더가드(뉴욕 메츠), 호세 페르난데스(마이애미)를 전부 아래에 두고 있었다.

카일 헨드릭스: 16승 8패 방어율 2.13 30경기 선발 190.0이닝 170K 44BB WHIP 0.98

애런 산체스: 15승 2패 방어율 3.00 30경기 선발 190.2이닝 161K 63BB WHIP 1.167

토론토 블루제이스의 유망주 애런 산체스는 카일 헨드릭스에 비하면 훨씬 기대를 받은 유망주였다. 체격도 당당하고 공도 **빠른** 매력이 있었는데, 역시 그놈의 제구력이 문제였다. 믿고 선발을 맡겨도 될까 하는 의문점은 공 **빠른** 유망주들 대부분 그러하듯 꼬리표처럼 따라 왔다. 불펜이 낫지 않겠냐는 의견이 있긴 했지만 팀은 결국 이닝 제한 이란 조건 아래 애런 산체스를 선발로 기용했다. 그리고 2016년 애런 산체스는 기대를 훌쩍 뛰어넘는 안정적인, 그리고 날카로운 피칭을 시 즌 내내 힘차게 뿌렸다. AL을 대표하는 '에이스' 저스틴 벌랜더(디트로이 트)나 코리 클루버(클리블랜드), 크리스 세일(시카고 화이트삭스)보다 방어율 이 더 낮았고, 가장 비싼 투수 데이비드 프라이스(보스턴), 사이영상을 수상한 릭 포셀로(보스턴)에 뒤질 것 없는 투수로 성장했다. 방어율 1위 도 1위지만, 15승을 거두는 동안 고작 2패만 당했을 뿐이다. 2016년 시즌은 애런 산체스에겐 일취월장(日就月將)이었고, 일신우일신(日新又日新) 의 시즌이었다.

| 비현실적인 마무리 투수 잭 브리튼

여기 볼티모어의 실패한 선발 투수 한 명이 또 있었다. 볼티모어의 실패한 선발 투수 중 대표적인 선수로 2015년 NL 사이영상 수상자인 시카고 컵스 에이스 제이크 아리에타가 있었다. 그리고 2016년 그 명 단에 한 명이 더 추가 되었으니 마무리 투수로 변신에 완벽하게 성공 한 잭 브리튼이다.

2011년 볼티모어 오리올스 선발 투수 제이크 아리에타의 기록은 10승 8패 방어율 5.05 WHIP 1.46, 잭 브리튼은 11승 11패 방어율 4.61 WHIP 1.45였다. 계속 선발 투수를 시키기에는 민망한 성적이었다. 제이크 아리에타는 다른 팀으로 보냈고, 브리튼은 남았다.

팀에 남은 잭 브리튼은 2013년을 끝으로 선발 투수에 대한 미련을 접고 2014년 시즌에 완전히 불펜으로 전환해 3승 2패 37세이브 7홀드 4블론 방어율 1.65의 훌륭한 불펜 투수로 첫 선을 보였다. 2015년에도 볼티모어의 뒷문을 책임지고 4승 1패 36세이브 4블론 방어율 1.92의 최상위 클래스 마무리 투수가 되었다. 이제 더 이상 오를 것도 없어 보였던 브리튼의 성장기는 놀랍게도 2016년에는 또 한 단계 업그레이드로 이어졌다. 30여 년 전 대한민국 땅에 선동열이란 투수가 그랬던 것처럼, 브리튼이 나타나면 상대 팀은 주섬주섬 짐을 챙기며, '오늘은 우리가 졌네'라고 하면서 씁쓸히 돌아서야 했다. '대타 쓰면 뭐하나, 치지도 못할 걸…' 실패한 선발 투수였던 잭 브리튼은 3년 만에 완전체 마무리 투수가 되었다. 오, '서프라이즈~'

2승 1패 47세이브 0 블론 방어율 0.54 69경기 67이닝 7실점 4자책 WHIP 0.84

연장 11회까지 진행된 와일드카드 경기에 완벽한 불펜 투수 브리튼이 등판조차 못하는 비극인지 희극인지 모를 상황 속에 브리튼과 볼티모어의 2016년 시즌이 허탈하게 끝났다. 그거 참….

야구는 경기장에서 땀 흘리는 스포츠가 아니라, 경기장 밖에서 땀 흘리는 스포츠라는 말이 있다. '기대 이상'이라는 놀라움과 감동을 만들기 위해서, 그 선수가 경기장의 바깥에서 감내했을 인내와 고통의 시간들을 다 헤아릴 수 있다고 생각하진 않는다. 그저 박수 더 열심히 쳐주고, 좋은 선수로 기억해 주고 싶다. 그리고 내년에도 누군가는 이런 감동을 또 선사할 것을 알고 있으니, 야구가 몹시 기다려진다. 야구는, '서프라이즈~'

대형 내야수 전성시대

미네소타 트윈스 홈 구장 타겟필드 스누피 캐릭터

스누피의 아버지인 찰스 슐츠는 미네소타 주 트윈시티 출신이다

야구에 관한 오래된 의문점 중 하나. 1번 타자부터 9번 타자까지 전부 홈런 타자로 구성된 팀이라면 어렵지 않게 우승을 차지할 수 있지 않을까? 삼류 야구 만화처럼 홈런 타자라고 매 타석 홈런을 친다는 가정은 아니라도, 가장 쉬운 득점 방법인 홈런이 상·하위 타선을 가리지 않고 팡팡 터져 나온다면 손쉽게 승리를 거두지 않을까 하는 이야기다. 하지만 현실에 그런 팀은 존재하지 않으며, 과연 그런 팀이 압도적인 팀이 되기는 하는 걸까라는 의문이 풀리지도 않는다. 하지만 2016년 시즌의 야구 트렌드가 계속된다면, 헛된 상상으로 보이는 그런 팀, 홈런 타자로만 이루어진 팀이 머지않아 등장할 가능성도 꽤 높아진 느낌이다. 홈런을 중심으로 승패가 갈리는 '홈런 야구' 시대다.

▌흔해져 버린 '홈런 치는 키스톤 콤비'

내야의 중앙을 책임져 '키스톤 콤비'라고 불리는 유격수와 2루수는 무엇보다 우선 수비를 잘해야 하며, 재치 넘치는 주루 플레이, 장타보다는 단타와 출루 위주로 그저 민망하지 않은 수준의 공격력이면 괜찮은 평가를 받는 포지션이다. 전통적인 야구의 역할론으론 강팀이라도 키스톤 콤비를 구성하는 유격수, 2루수 그리고 야전 사령관인 포수에게 많은 홈런을 기대하지 않기 마련이며, 굳이 홈런 타자가 아니어도 팀에 충분히 기여할 수 있다.

그런데 2, 3년 전부터 대거 등장한, 1990년대에 태어난 젊은 스타 내야수 중에는 이 전통적 관점에서의 좋은 키스톤 콤비 이상의 것, 바로 홈런을 갖춘 선수가 상당수다. 빠른 스텝과 강한 어깨를 바탕으로 펼치는 호쾌한 수비는 물론, 타석에서는 외야 담장 너머로 공을 날리는 장타력까지 갖춘 선수들이 부쩍 늘었다. 많아진 정도가 아니라 메이저리그 내야가 이런 유형의 선수로 채워지고 있다.

가깝게는 2016년 시즌 월드시리즈 무대에서 만난 두 유격수를 꼽을 수 있다. 클리블랜드의 프란시스코 린도어(1993년생, 2011년 드래프트 1라운드 8번)와 시카고 컵스의 애디손 러셀(1994년생, 2012년 드래프트 1라운드 11번)의 유격수 맞대결은 손에 땀이 찰만큼 흥미진진했다. 이제 고작 빅리그 2년차 답지 않은 노련하고 안정된 수비로 자신의 팀을 이끌 뿐 아니라, 타석에서의 방망이도 묵직했던 두 선수의 맞대결은 팬들의 흥미를 끌기에 충분했다. 정규 시즌 15홈런 78타점을 기록한 린도어, 21홈런 95타점을 기록한 러셀은 포스트시즌에서도 고비마다 결정적인 홈런으로 팀을 구하는 역할을 해낼 힘 있는 타자임을 스스로 증명하며 이제는 메이저리그 중심 세력을 형성하는 선수로 성장했고, 새로운 트렌드의 야구를 대표하고 있다.

두 선수 말고도 2015년 신인왕 카를로스 코레아(휴스턴, 1994년생, 2012년 드래프트 1라운드 1번, 20홈런), 2016년 만장일치 NL 신인왕 코리 시거(LA 다저스, 1994년생, 2012년 드래프트 1라운드 18번, 26홈런)는 물론 트레버 스토리(콜로라도, 1992년생, 2011년 드래프트 1라운드 45번, 27홈런), 잰더 보가츠(보스턴, 1992년생, 2013년 데뷔, 21홈런)도 언제라도 홈런을 조심해야 하는 무서운 유격수 거포군단을 형성하고 있다.

젊은 대형 유격수들이 순식간에 늘어난데 반해 대형 2루수는 하나둘씩 숫자가 늘어나더니 마침내 2016년 시즌에는 무려 14명의 2루수가 20홈런 이상을 기록하는 기현상을 완성했다. 그 중에서 미네소타 트윈스 2루수 브라이언 도저는 42홈런으로 로저스 혼스비(1922), 데이비 존슨(1973), 라인 샌버그(1990)에 이어 4번째로 40홈런을 친 2루수가 되었다. 로빈슨 카노의 39홈런, 22세 2루수 오도어의 33홈런 등을 합쳐보니 2016년 시즌은 2루수 최다 홈런을 기록한 시즌으로 전무후무한 역사적 시즌이었다는 결론에 이르고 지난 시즌이 새삼 새롭게 다가온다.

▌2016년 시즌 유격수 홈런 순위

1. 브래드 밀러(탬파베이)   30 홈런 81 타점
2. 마커스 세미언(오클랜드)   27 홈런 75 타점
2. 트레버 스토리(콜로라도)   27 홈런 72 타점
4. 코리 시거(LA 다저스)   26 홈런 72 타점
5. 트로이 툴로위츠키(토론토)   24 홈런 79 타점
5. 대니 에스피노사(워싱턴)   24 홈런 72 타점
7. 아스드루발 카브레라(뉴욕 메츠)   23 홈런 62 타점
8. 잰더 보가츠(보스턴)   21 홈런 89 타점
8. 애디슨 러셀(시카고 컵스)   21 홈런 95 타점
10. 프레디 갈비스(필라델피아)   20 홈런 67 타점
10. 디디 그레고리우스(뉴욕 양키스) 20 홈런 70 타점
10. 카를로스 코레아(휴스턴)   20 홈런 96 타점

▌2016년 시즌 2루수 홈런 순위

1. 브라이언 도저(미네소타)   42 홈런 99 타점
2. 로빈슨 카노(시애틀)   39 홈런 103 타점
3. 러그니드 오도어(텍사스)   33 홈런 88 타점
4. 제드 져코(세인트루이스)   30 홈런 59 타점

5. 이안 킨슬러(디트로이트)	28 홈런 83 타점
6. 다니엘 머피(워싱턴)	25 홈런 104 타점
6. 조나단 스쿱(볼티모어)	25 홈런 82 타점
8. 호세 알투베(휴스턴)	24 홈런 96 타점
9. 닐 워커(뉴욕 메츠)	23 홈런 55 타점
9. 제이슨 킵니스(클리블랜드)	23 홈런 82 타점
11. 스탈린 카스트로(뉴욕 양키스)	21 홈런 70 타점
12. 로건 포사이스(탬파베이)	20 홈런 52 타점
12. 라이언 심프(샌디에이고)	20 홈런 51 타점
12. 진 세구라(애리조나)	20 홈런 64 타점

홈런 치는 유격수와 2루수, 야구를 바꾼다

뉴욕 메츠(닐 워커, 아스드루발 카브레라), 뉴욕 양키스(스탈린 카스트로, 디디 그레고리우스), 탬파베이 레이스(로간 포사이스, 브래드 밀러), 워싱턴 내셔널스(다니엘 머피, 대니 에스피노사), 휴스턴 애스트로스(호세 알투베, 카를로스 코레아) 등 5팀은 2루수와 유격수 키스톤 콤비가 모두 20홈런을 넘긴 팀이었다.

머니볼의 등장 이후 중요성이 부쩍 줄어든 도루 기록을 살피면 20도루 이상을 기록한 유격수는 조나단 비아(밀워키, 19홈런 62도루), 엘비스 앤드루스(텍사스, 8홈런 24도루), 크리스 오윙스(애리조나, 5홈런 21도루), 호세 페라자(신시내티, 3홈런 21도루) 4명, 2루수는 진 세구라(애리조나, 20홈런 33도루), 호세 알투베(휴스턴, 24홈런 30도루), 디 고든(마이애미, 1홈런 30도루) 3명만 20도루 이상을 기록했다. 기록지에도 발야구보다 홈런 야구가 내야수 자리까지 완벽히 파고들었음을 드러내고 있다. 30개 메이저리그 팀의 평균 홈런이 187개인데 반해, 평균 도루는 85개에 불과하다. 지금은 발야구의 시대가 아닌 홈런 야구의 시대다.

중심 타선보다는 테이블 세터와 하위 타선이 어울리는 2루수와 유격수 포지션의 선수들이 홈런을 날려대니 투수들 입장에서는 당혹스럽고 피곤을 느끼게 된다. 홈런의 부담이 적은 소총 타자가 등장하는 소위 '쉬어가는 타석'은 줄어들고, 투수들이 항상 홈런에 관한 두려움을 갖는 의식의 변화는 분명히 투수들이 타자를 대하는 태도와 던지는 투구를 바꾸고 있으며 결론적으로 야구도 바꾸고 있다.

2017년 시즌에도 키스톤 콤비에서 수비를 하는 선수들이 또 다시 이렇게 많은 홈런을 칠 수 있을까? 몇 선수는 이제 전성기를 지났거나 지난 시즌이 특별한 시즌(브라이언 도저가 다시 40홈런을 기록할 것이라는 예상은 어렵다)이었다고 판단할 수 있으나, 소개된 많은 거포 유격수들이 전성기가 되기엔 3~4년은 더 있어야 하는, 아직 전성기 근처도 가지 않은 선수들이 많다. 2017년 시즌에도 유격수와 2루수가 벌이는 홈런 파티는 계속될 예정이다. 어떤 투수들은 내가 2루수한테 40개씩 홈런이나 맞고, 새파란 유격수들에게 홈런 맞을까봐 벌벌 떨고, 이러려고 메이저리그 투수가 되었나 하는 자괴감이 들고 괴로울 수밖에 없는 게 현실이 되었다. 홈런은 무섭다. 항상 조심해라!

꿈이 뭐냐고 물으신다면, 올스타!

미네소타 트윈스 박병호 선수(2016. 5. 11.)

야구라는 종목, 그 중에서 최고를 자부하는 영광인 명예의 전당을 시작으로 MVP, 사이영상 그리고 신인상과 포지션별 골드글러브와 실버슬러거 등 선수가 메이저리그 역사에 이름을 남기고, 대대손손 영광을 누리는 몇 가지 방법이 있다. 하지만 150년 역사에도 몇 명 되지 않는 명예의 전당은 물론 1년에 양대 리그 각 한 명인 MVP나 사이영상, 신인상은 물론 포지션별로 1년에 한 명인 골드글러브, 실버슬러거의 영광을 차지할 수 있는 선수의 숫자는 너무 작다. 다소 비현실적인 영광이다.

| '올스타 6회' 노마 가르시아파라를 기억하다

여전히 신인 유격수 최다 홈런 기록(1997년 30개)을 보유중인 1990년 대 후반부터 2000년대 초반까지의 '유격수 3인방' 중 한 명인 노마 가르시아파라(전 보스턴 레드삭스 등)의 경우, 수비에서는 역대 최고 수비수 중한 명인 오마 비즈켈(1993년 시애틀, 1994년~2001년 클리블랜드 소속으로 9년 연속 AL 유격수 골드글러브 수상, 총 11회 유격수 골드글러브 수상)에 막히고, 그 뒤엔 라이벌 알렉스 로드리게스(2002, 2003년 AL 유격수 골드글러브), 데릭 지터 (2004~2006 AL 유격수 골드글러브)에 밀리며, 결국 골드글러브 한 번 타보지 못한 채 은퇴했다. 수비는 몰라도(잘했다!) 타격만큼은 최고 수준이었던 가르시아파라이지만 실버슬러거 수상 역시 1997년 신인 유격수 최다 홈런 기록과 함께 받은 단 한 번이 가르시아파라의 커리어에 남은 유일무이한 굵직한 수상 경력이다. 알렉스 로드리게스와 동시대 선수라는 게 불운이라면 불운이었다.

부상으로 인한 이른 노쇠화, 시대를 잘못 만난 불운을 탓할 수는 있겠지만, 전성기 가르시아파라의 활약을 지켜 본 사람이라면, 그의 주요 수상 경력이 신인상, 실버슬러거 1회, 월간 MVP 1회(1999년 5월)가 전부라는 사실은 적잖이 놀랍다(노마 가르시아파라의 주요 타이틀은 1997년 최다 안타 1위, 1999~2000년 2년 연속 AL 타격왕). 하지만 노마 가르시아파라가 얼마나 괜찮은 선수였는지를 보여줄 수 있는 수치가 있으니, 바로 짜잔, 6번의 올스타 선정이다.

1933년 시작되어 이제 80년이 넘은 올스타전은 어쩌면 일반적인 선수가 '현실적으로' 누려볼 수 있는 최고로 영광스런 자리다. 과장해 말하면 전반기, 즉, 시즌 절반만 무척 잘해도 올라갈 수 있는 자리이긴 하다. 2016년 시즌 전반기 깜짝 활약으로 2016년 올스타전에 참가할 수 있었던 마이클 손더스(토론토, 외야수), 아담 듀발(신시내티, 외야수)이 다시 올스타에 뽑힐 수 있을지는 의문이다. 1933년 최초의 올스타전에 NL 주전 유격수로 출전한 필라델피아 필리스 딕 바텔 역시 메이저리그 역사에 이름을 아로새긴 선수는 아니지만, 영광스럽기로는 어느 누구 못지않다. 첫 올스타전 주전 유격수라니!

올스타의 의미를 MVP나 사이영상, 명예의 전당에 비교하려다 보니 억지논리로 축소시킨 점이 있지만, 아무리 축소하려해도 올스타전에 참가한 선수의 심장은 빨리 뛰고 얼굴도 붉어지는 경험을 하게 되는, 그리고 몹시 흥분된 상태로 맞게 되는, 선수 개인에게도 영광 가운데 으뜸으로 영광스런 자리가 올스타전 참가다. 일단 메이저리그에 올라가고, 매일 야구를 할 자리가 확보된 선수라면 꿈엔들 잊을 수 없는 영광이다.

▌2016년 올스타전 2016년 7월 12일 샌디에이고 펫코파크

2016년 올스타전은 7월 12일 샌디에이고 파드레스의 홈구장인 펫코파크에서 열렸다. 아메리칸리그가 4-2로 승리, 4년 연속 승리를 차지했다. 2003년부터 시작된 올스타전 승리 리그의 월드시리즈 홈어드벤티지(2017년 폐지)는 통산 11승 3패의 압도적인 우위를 지키고 있는 아메리칸리그의 차지가 되었다(월드시리즈 1, 2, 6, 7차전이 클리블랜드에서 열렸다). 2016년 올스타전 승리 투수는 코리 클루버(클리블랜드), 패전 투수는 쟈니 쿠에토(샌프란시스코), 세이브는 잭 브리튼(볼티모어)이 이름을 올렸다. 올스타전 MVP로는 홈런 포함 3타수 2안타 2타점을 기록한 캔자스시티 로얄스 1루수 에릭 호스머가 뽑혔다. 올스타 축제의 중요한 이벤트인 홈런 더비에서는 초장거리 홈런의 상징과도 같은 마이애미 말린스 지안카를로 스탠튼이 결승에서 지난 대회 우승자 토드 프레지어(시카고 화이트삭스)를 물리치고 홈런 더비 첫 우승의 기쁨을 누렸다.

영광스런 이름들, 당연히 이 책에 남겨준다. 올스타 선수들이 영광인지, 이들의 이름을 내 책에 남기는 나의 영광인지 판단은 각자의 몫으로 넘긴다.

| 2016년 메이저리그 올스타 선수 명단

NL All Star 선발

1. 벤 조브리스트 2루수, 시카고 컵스
2. 브라이스 하퍼 우익수, 워싱턴 내셔널스
3. 크리스 브라이언트 3루수, 시카고 컵스
4. 윌 마이어스 지명 타자, 샌디에이고 파드레스
5. 버스터 포지 포수, 샌프란시스코 자이언츠
6. 앤쏘니 리조 1루수, 시카고 컵스
7. 마르셀 오수나 중견수, 마이애미 말린스
8. 카를로스 곤잘레스 좌익수, 콜로라도 로키스
9. 애디슨 러셀 유격수, 시카고 컵스

후보

다니엘 머피 2루수, 워싱턴 내셔널스
폴 골드슈미트 1루수, 애리조나 다이아몬드백스
놀란 아레나도 3루수, 콜로라도 로키스
브랜든 벨트 1루수, 샌프란시스코 자이언츠
윌슨 라모스 포수, 워싱턴 내셔널스

조나단 루크로이 포수, 밀워키 브루어스

제이 브루스 우익수, 신시내티 레즈

오두발 에레라 중견수, 필라델피아 필리스

스탈링 마르테 좌익수, 피츠버그 파이어리츠

아담 듀발 좌익수, 신시내티 레즈

코리 시거 유격수, LA 다저스

알레드미스 디아즈 유격수, 세인트루이스 카디널스

투수

쟈니 쿠에토 투수, 샌프란시스코 자이언츠 (선발)

호세 페르난데스 투수, 마이애미 말린스

드류 포메란츠 투수, 샌디에이고 파드레스

훌리오 테에란 투수, 애틀란타 브레이브스

맥스 슈어저 투수, 워싱턴 내셔널스

존 레스터 투수, 시카고 컵스

마크 멜란슨 투수, 피츠버그 파이어리츠

프란시스코 로드니 투수, 샌디에이고 파드레스

캘리 잰센 투수, LA 다저스

불 출전

요에니스 세스페데스 좌익수, 뉴욕 메츠

덱스터 파울러 중견수, 시카고 컵스

맷 카펜터 3루수, 세인트루이스 카디널스

클레이튼 커쇼 투수, LA 다저스

제이크 아리에타 투수, 시카고 컵스

매디슨 범가너 투수, 샌프란시스코 자이언츠

노아 신더가드 투수, 뉴욕 메츠

스티븐 스트라스버그 투수, 워싱턴 내셔널스

바톨로 콜론 투수, 뉴욕 메츠

유리스 파밀리아 투수, 뉴욕 메츠
A. J. 라모스 투수, 마이애미 말린스

AL All Star 선발

1. **호세 알투베 2루수, 휴스턴 애스트로스**
2. **마이크 트라웃 중견수, LA 에인절스**
3. **매니 마차도 3루수, 볼티모어 오리올스**
4. **데이비드 오티스 지명타자, 보스턴 레드삭스**
5. **잰더 보가츠 유격수, 보스턴 레드삭스**
6. **에릭 호스머 1루수, 캔자스시티 로얄스**
7. **무키 베츠 우익수, 보스턴 레드삭스**
8. **살바도르 페레스 포수, 캔자스시티 로얄스**
9. **재키 브래들리 주니어 좌익수, 보스턴 레드삭스**

후보

로빈슨 카노 2루수, 시애틀 매리너스
에두아르도 누네스 2루수, 미네소타 트윈스
이안 데스몬드 중견수, 텍사스 레인저스
조시 도널슨 3루수, 토론토 블루제이스
에드윈 엔카나시온 지명타자, 토론토 블루제이스
프란시스코 린도어 유격수, 클리블랜드 인디언스
미겔 카브레라 1루수, 디트로이트 타이거스
카를로스 벨트란 우익수, 뉴욕 양키스
마이클 손더스 좌익수, 토론토 블루제이스
맷 위터스 포수, 볼티모어 오리올스
마크 트럼보 우익수, 볼티모어 오리올스

투수

크리스 세일 투수, 시카고 화이트삭스 (선발)

코리 클루버 투수, 클리블랜드 인디언스

콜 해멀스 투수, 텍사스 레인저스

아론 산체스 투수, 토론토 블루제이스

호세 퀸타나 투수, 시카고 화이트삭스

켈빈 에레라 투수, 캔자스시티 로얄스

댈린 베탄시스 투수, 뉴욕 양키스

앤드류 밀러 투수, 뉴욕 양키스

윌 해리스 투수, 휴스턴 애스트로스

잭 브리튼 투수, 볼티모어 오리올스

불 출전

스티븐 보트 포수, 오클랜드 애슬레틱스

마르코 에스트라다 투수, 토론토 블루제이스

대니 살라자르 투수, 클리블랜드 인디언스

스티븐 라이트 투수, 보스턴 레드삭스

브래드 브락 투수, 볼티모어 오리올스

알렉스 콜로미 투수, 탬파베이 레이스

웨이드 데이비스 투수, 캔자스시티 로얄스

크렉 킴브럴 투수, 보스턴 레드삭스

2016
MAJOR LEAGUE
BASEBALL

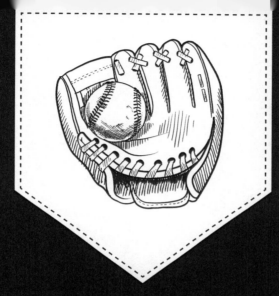

轉

맘대로 되지 않는 게, 야구뿐일까

좋은 거래는 인생을 행복하게 만듭니다, 트레이드

디트로이트 타이거스 홈구장 코메리카 파크

트레이드. 사전적 의미로 '거래'다. 주로 선수와 선수 혹은 선수와 돈을 주고받는다. 조금 더 설명하면 '선수'는 1) 당장 '현재' 승리를 위해 필요한 선수와 2) 팀의 '미래'를 책임질 유망주의 둘로 나뉜다. 두 팀 이상의 팀이 서로 선수나 돈, 드래프트 권리 등을 교환하는 거래가 트레이드다. 원-윈 거래라는 게 말로는 언제든 가능하지만, 실제로 양쪽 거래 당사자가 완벽하게 만족하는 트레이드가 일어나기란 쉽지 않고 보통 무게 추는 한쪽으로 기울기 마련이다. 그만큼 거래 전에 신중하고 꼼꼼한 사전 검토가 필수적이다. 사전 검토가 아무리 철저하다 해도, 미래에 일어날 일을 어찌 제대로 예측할 수 있을까. 결과 데이터를 모아 미래를 예상하는 일은 분명히 한계가 있다.

일찍 승부수를 던진 시카고 화이트삭스, 폭삭 망한 트레이드

기대 이상의 성적으로 4월을 신나게 보낸 시카고 화이트삭스는 2016년 시즌 지구 우승에 도전하기로 결심했고, '우승'을 위해선 우완 투수 보강이 필수임을 느꼈다. 크리스 세일, 호세 퀸타나, 카를로스 로돈의 좌완 선발은 이미 충분했고, 다소 덜컹대는 수비와 타선의 보강도 필요하긴 했지만, 무엇보다 오른손 선발 투수 보강이 우선이었다.

발 빠르게 트레이드를 위해 움직였고, 제임스 실즈가 눈에 들어왔다. 탬파베이, 캔자스시티, 샌디에이고에서 9년 연속 11승 이상-200이닝을 책임진, 굳건함의 상징과도 같은 오른손 선발 투수 제임스 실즈, 2016년 시즌 5월까지 두 달 샌디에이고에서 제임스 실즈는 고작 2승 7패를 기록하는데 그쳤지만, 방어율은 4.28로 썩 나쁘지 않았다. 6이닝 3실점의 퀄리티스타트를 의미하는 방어율 4.50보다 낮은 방어율을 기록 중인 실즈를 '우승을 위해' 영입했다.

하지만 아뿔싸, 슬픈 예감은 틀린 적이 없다는 어느 가수의 노랫말처럼, 구위가 떨어진 실즈를 둘러싼 슬픈 예감은 시카고 화이트삭스 홈구장을 덮쳤다. 제임스 실즈의 시카고 화이트삭스 데뷔 첫 3경기는 2이닝 7자책점, 5이닝 6자책점, 1.2이닝 8자책점, 3경기 2패(5이닝 6자책을 기록한 경기에서 팀은 승리했다) 8.2이닝 21자책점 방어율 21.81의 대참사였다. 이런…

4월 반짝 활약 후 5월에 처참하게 몰락한 선발 투수 맷 레이토스에 이어, 6월 제임스 실즈까지 이어진 우완 선발의 혹독한 시련 속에 우승에 도전하려던 2016년 시즌 시카고 화이트삭스는 허망하게 허물어졌다.

- **제임스 실즈 2016년 시즌 성적**
  - 샌디에이고 파드레스 2승 7패 방어율 4.28 WHIP 1.43
  - 시카고 화이트삭스 4승 12패 방어율 6.77 WHIP 1.70
  - **통산 6승 19패 방어율 5.85 WHIP 1.60**

뒤늦게 정신을 차려보니, 샌디에이고가 절반 정도 부담하긴 하지만 제임스 실즈는 2018년까지 연봉이 무려 2,100만 달러짜리 선수인 것이었던 것이었다. (아, 망했다.) 개막 후 4주인 4월 30일, 17승 8패 승률 .680으로 아메리칸리그 15팀 중 1위이던 화이트삭스의 성적은 두 달 후인 6월 30일 40승 39패로 5할에 목만 살짝 걸친 아메리칸리그 중부지구 5팀 중 4위까지 떨어져 있었다. 결국 시즌이 끝날 때에는 5할과 아무런 상관없는 성적이 되었다.

| 실패한 트레이드가 많았던 2016년 시즌

개막 두 달 만에 승부수에 가까운 트레이드를 하고, 실패라는 결과를 금세 받아간 시카고 화이트삭스의 제임스 실즈 트레이드는 다른 팀들에게 타산지석이자 반면교사가 되었다. 하지만 타산지석과 반면교사가 존재한다고 그 후로 실패한 트레이드가 없어지진 않는 법이다. 우린 모두 욕심이 아주 많은 인간일 뿐이다.

메이저리그 트레이드 마감일은 7월 마지막 날이다. 6개월 정규 시즌의 2/3인 4개월이 지난 시점이며, 이번 시즌 우승에 도전할 것인지 내년 혹은 내후년을 노리는 것으로 팀의 초점을 이동할 것인지 결정해야 할 시점에 트레이드 마감일을 두었다. 시즌 전 파워랭킹 22위 마이애미 말린스와 23위 볼티모어는 트레이드 마감일이 되도록 제법 괜찮은 성적을 유지하며 포스트시즌 진출 희망을 갖고 있었다. 하지만 파워랭킹 22위, 23위가 말해주듯 포스트시즌에 진출하고 월드시리즈 우승을 노리기엔 선수가 부족했다. 바로 이런 팀들을 위해 트레이드 제도가 존재하는 것이다. 성공적 거래를 하면 되지만 쉽지 않다.

마이애미 말린스, 볼티모어 오리올스 모두 선발 투수가 필요했고, 서부 팀들인 샌디에이고 파드레스의 강속구 투수 앤드류 캐시너, 시애틀 매리너스의 좌완 웨이드 마일리가 동부 끝 마이애미와 볼티모어로 팀을 옮겼다.

- **앤드류 캐시너**
  - 샌디에이고 파드레스 4승 7패 방어율 4.76 WHIP 1.39
  - 마이애미 말린스 1승 4패 방어율 5.98 WHIP 1.75

- **웨이드 마일리**
  - 시애틀 매리너스 7승 8패 방어율 4.98 WHIP 1.35
  - 볼티모어 오리올스 2승 5패 방어율 6.17 WHIP 1.57

생각도 깊이 해보고, 꼼꼼히 계산기 두들겨 성사시킨 트레이드인데 이러기 쉽지 않을 만큼 두 선수 모두 트레이드 후 성적이 뚝 떨어졌다. 앤드류 캐시너를 영입한 마이애미는 맥없이 포스트시즌 진출 경쟁에서 탈락했고, 웨이드 마일리 영입 전에 아메리칸리그 동부 1위를 달리던 볼티모어 역시 지구 2, 3위권으로 밀린 끝에 와일드카드로 간신히 포스트시즌에 진출하는 데 만족해야했다.

몇 건의 대형 트레이드 결과를 종합하면 샌디에이고 파드레스가 승자가 된 인상이다. 샌디에이고는 제임스 실즈, 앤드류 캐시너 외에도 마무리 투수 페르난도 로드니(마이애미), 야수 맷 켐프(애틀란타), 멜빈 업튼 주니어(토론토) 등 고액 연봉자들을 줄줄이 트레이드를 통해 다른 팀으로 보냈다. 좀 아까운 유망주 투수 드류 포메란츠도 보스턴 레드삭스로 트레이드했다.

부상 선수가 하나 둘 늘어가며 근심이 깊어진 뉴욕 메츠는 타선에 홈런포가 필요했다. 신시내티의 외야수 제이 브루스가 트레이드 마감일까지 97경기에서 보여준 파괴력은 뉴욕 메츠를 다시 월드시리즈로 이끌어 줄 타자의 파괴력이었다. 신시내티에서 4개월 동안 53장타 25홈런 80타점을 기록한 제이 브루스를 합류시키면 메츠는 포스트시즌에 올라가는 건 당연하고, 어느 팀도 두렵지 않을 것만 같았다. 하지만 오하이오 주 시골 도시인 신시내티에서 온 제이 브루스에게 대도시 뉴욕은 어색했고 적응이 영 어려웠던 모양이다.

- **제이 브루스**
  - 신시내티 97경기 타율 .265 98안타 25홈런 80타점 OPS .875
  - 뉴욕 메츠 50경기 타율 .219 37안타 8홈런 19타점 OPS .685

기대했던 성적의 딱 절반이었다. 제이 브루스는 졸지에 뉴욕 메츠의 골칫덩어리가 되었고, 간신히 올라간 2016년 뉴욕 메츠의 포스트시즌이 달랑 와일드카드 경기 1경기로 끝나던 그 순간까지 시원한 모습을 보여주지 못했다. 좋은 거래는 역시 어렵다.

▎나는 강팀으로 트레이드를 원한다. 클리블랜드 말고 텍사스 말이다!

밀워키 브루어스는 리빌딩을 수년째 진행 중인 약팀이다. 리빌딩 팀이 되자 자주 트레이드 관련한 소문의 근원지가 되었다. 소문에 등장하는 대표적인 선수는 리그 최고 포수 중 한 명인 조나단 루크로이다. 밀워키를 대표하는 스타 라이언 브론이 두 차례 약물에 연루되고, 어느 새 30대 중반이 되면서 실력도, 인기도 하락하자 모두가 루크로이만 노렸다. 물론 밀워키 구단도 루크로이 트레이드로 돈을 얻든, 유망주를 얻든 구단의 리빌딩 작업에 박차를 가할 계획이었다.

6월 급상승세를 타고 지구 우승이 가시권에 들어온 클리블랜드 인디언스는 '팀 재정이 허락하는 한도에서' 우승에 필요한 선수를 트레이드하려고 했다. 가장 급한 자리가 포수였다. 주전 포수 얀 곰스의 시즌아웃 부상 공백을 채우기 위해 바로 밀워키 포수 조나단 루크로이를 트레이드하기로 밀워키 구단과 합의하였다. 하지만 당사자인 조나단 루크로이의 생각은 조금 달랐다. 루크로이는 하위팀인 밀워키 브루어스를 떠나면 꼭 강팀으로 가서 늦은 10월, 그 이상까지 야구를 하고 싶었다. 클리블랜드가 그만한 강팀인지 의구심도 좀 있었던 것 같은데, 클리블랜드는 설상가상으로 루크로이에게 포수 자리마저 보장하지 못하겠다고 했고, 루크로이는 트레이드 거부권을 행사했다. 거래가 성사되지 못하자, 우승을 노리는 팀이라면 탐낼만한 선수인 루크로이는 포수의 타력이 형편없는 팀, 텍사스 레인저스의 레이더망에 다시 포착되었고, 탄탄한 전력으로 아메리칸리그 서부 1위를 질주 중인 강팀 텍사스 레인저스로 팀을 옮겼다. 루크로이 입장에서는 이제야 소위 '급'도 맞고, '폼'도 좀 나는 팀에 온 것 같았다. 신나게 방망이를 돌려댔고 텍사스 레인저스 소속으로 11개의 홈런을 추가, 2016년 시즌 24홈런 81타점으로 빅리그 최고의 공격형 포수다운 기록을 남겼다. 텍사스 레인저스의 아메리칸리그 전체 1위 성적에 조나단 루크로이의 합류는 화룡점정과 같았다. 루크로이가 꿈꾸던 우승의 꿈은 맥없이 포스트시즌 3경기 연속 패배로 무기력하게 끝났지만, 여전히 2017년에도 강팀일 텍사스 레인저스와 조나단 루크로이의 도전은 무척 기대된다.

- **조나단 루크로이**
  - 밀워키 브루어스 95경기 101안타 13홈런 50타점 타율 .299 OPS .841
  - 텍사스 레인저스 47경기 42안타 11홈런 31타점 타율 .276 OPS .884

▎신의 한 수가 된 클리블랜드의 트레이드, 앤드류 밀러

루크로이를 놓친 클리블랜드는 허탈했다. 주전 보장 문제가 있긴 했지만 어쨌든 선수가 우리를 거부했다. 하지만 인디언스는 여기에 좌절하지 않고 바로 플랜B를 신속하게 가동했다. 7~8회 마운드를 지켜줄 투수 앤드류 밀러, 백업 외야수 브랜든 가이어를 빠르게 영입했다. "우리의 팀 사정상 이 정도 준비면 할 것 다했다. 이제 우승 사냥에 나선다." (정말?)

앤드류 밀러 트레이드는 대성공이었다. 8월부터 뉴욕 양키스 대신 클리블랜드 인디언스 유니폼을 입고 흙먼지 뽀얗게 일어나는 클리블랜드 마운드에 선 앤드류 밀러는 26경기에서 패전이나 블론 세이브 하나 없이 4승 3세이브 10홀드 방어율 1.55를 기록했다. 더 좋을 수 없을 개인 성적으로 클리블랜드 인디언스가 9년 만에 AL 중부지구 1위를 차지하는데 엄청난 역할을 했다.

- **앤드류 밀러**
  - 뉴욕 양키스 44경기 6승 1패 9세이브 2블론 16홀드 방어율 1.39
    45.1이닝 77K WHIP 0.77

- 클리블랜드 인디언스 26경기 4승 무패 3세이브 10홀드 방어율 1.55
  29.0이닝 46K WHIP 0.55
- 포스트시즌 10경기 2승 무패 1세이브 5홀드 방어율 1.40 19.1이닝
  30K WHIP 0.88

언터처블 투수임을 확인한, 포스트시즌 활약은 더 놀라웠다. 앤드류 밀러는 토론토 블루제이스와 맞붙어 승리한 ALCS에서 MVP까지 거머쥐며 클리블랜드 인디언스의 19년 만에 월드시리즈 진출, 68년 만에 우승 도전에 가장 결정적인 추진 로켓 역할을 했다. 월드시리즈에서도 전가의 보도가 되어 심지어 5회 마운드에 오르기도 하며 클리블랜드 인디언스의 우승을 위해 몸과 마음을 하얗게 불태웠다.

▎좋은 거래는 행복한 인생을 만든다

2016년 시즌 트레이드 화두는 단연 불펜 투수였다. 프랜차이즈의 운명을 건 슈퍼스타 브라이스 하퍼와 덕아웃에서 주먹다짐을 한 사고뭉치인데, 나이 탓인지 구위는 구위대로 불안해진 노장 마무리 조나단 파펠본이 골치 아팠던 워싱턴 내셔널스는 트레이드 마감일을 맞아 피츠버그 파이어리츠가 마련한 폭탄 세일에 찾아가 달랑 신예급 투수 2명만 내주고 소중한 마무리 투수 마크 멜란슨을 득템했다. 아이 신난다.

• 워싱턴 내셔널스 마무리 투수
 - 조나단 파펠본 2승 4패 19세이브 3블론 방어율 4.37 WHIP 1.46
 - 마크 멜란슨 1승 1패 17세이브 1블론 방어율 1.82 WHIP 0.81

108년만의 월드시리즈 우승에 도전하는 시카고 컵스는 우승을 위해 서라면 못할게 없었다. 세이브 전문 투수로 착실히 성장한 헥터 론돈

이 크게 문제가 있는 건 아니지만 보다 더 단단한 마무리 투수만 있다면 더 이상 바랄 것이 없는, 완성형 팀이 되는 상황이었다. 그리고 트레이드 시장에는 야구 역사상 가장 빠른 공을 던지는 마무리 투수 아롤디스 채프먼이 나와 있었다. 현역 메이저리거인 아담 워렌과 최고 유망주 글레이버 토레스 등 출혈이 만만찮게 컸지만 어떤 것도 108년만의 우승보다 소중할 순 없었다. 채프먼을 얻다니! 이제 진짜 우승이다!

- **시카고 컵스 마무리**
  - 헥터 론돈 1승 2패 18세이브 4블론 방어율 1.95 WHIP 0.98
  - 아롤디스 채프먼 1승 1패 16세이브 2블론 방어율 1.01 WHIP 0.83

LA 다저스 선발 투수진에서는 날마다 누군가 다쳤다. 장기 부상자 류현진은 물론이고 에이스 클레이튼 커쇼, 다친데 또 다치는 브렛 앤더슨, 브랜든 맥카시 등 부상 소식이 계속 이어졌다. 돈으로 메우는 것도 하루 이틀이지 싶었지만 돈도 많고 마이너리그에 선수도 많은 LA 다저스는 꾸역꾸역 계속 메워나갔다. 오클랜드에서 선발 자원인 노장 리치 힐과 불안한 말썽꾸러기 외야수 야시엘 푸이그를 대신할 우익수 조시 레딕을 트레이드 한 LA 다저스의 바쁜 행보도 셈법이 복잡하긴 하지만(푸이그는 정신을 차렸고, 조시 레딕은 시즌 끝나고 얼마 되지 않아 FA 계약으로 애틀랜타 브레이브스로 떠났다) 나름 괜찮은 결과였다.

2016년 트레이드의 진짜 승자는 누구일까? 하는 질문에 대한 답 중 꽤 유력한 후보는 뉴욕 양키스다. 위력적인 초특급 불펜 원투펀치인 앤드류 밀러, 아롤디스 채프먼은 물론, 노장 외야수 카를로스 벨트란, 투수 이반 노바 트레이드를 통해 무려 12명의 마이너리그 유망주를 받아왔다. 12명의 유망주 중 더도 말고 덜도 말고 절반만 성공적으로 메이저리그에 안착한다면 뉴욕 양키스가 승리한 트레이드라고 결론 나는 거다. 다만 그 결론이 나올 때까지 짧게는 2년, 길게는 5년은 지켜봐야 한다. 좋은 거래인지 아닌지는 오직 시간만이 답을 줄 수 있다. 확실한 건 좋은 거래는 인생을 즐겁고 행복하게 만들어준다는 사실!

나는야 수비왕

밀워키 브루어스 홈구장 밀러파크

　모든 것이 수치화 되고 있다. 당신의 간, 혈당의 상태가 어떤지 눈의 건강이 어떤지 수치화 된 것은 이미 오래전 이야기다. 눈에 보이지 않는 몸 상태도 수치화하는데 눈에 뻔히 보이는 야구 경기에서 일어나는 일을 수치화 하는 것은 어렵지 않은 일이다. 투수가 던진 공이 1초에 몇 번을 회전하는지, 배트에 맞은 공이 얼마나 빠른 속도로, 몇 도의 각도로 날아갔는지 그래서 홈런이 나오는 공은 주로 어떤 속도와 각도인지 수치로 남는 시대가 되었다. 수비 부문에서도 그런 시도는 계속되고 있다. 몇 미터를 달려가 플라이 볼을 잡았는지, 얼마큼 움직여 땅볼을 처리했는지 일일이 야구의 역사가 될 수 있다.

범람하는 수비 지표 중 무엇을 볼 것인가

세이버 매트릭스라고 불리는 새로운 통계는 수비 부문에서도 큰 발전을 이뤘다. 야구 통계에 관한 최고의 사이트인 팬그래프나 베이스볼 레퍼런스에 가보면 엄청나게 많은 수치들이 나온다. 이해하거나 말거나 아름답고 현란하다.

경기의 한 장면을 가정해 보자. 타자가 친 공이 2루 베이스 위로 빠르게 지나간다. A 유격수는 멋지게 다이빙을 해서 타구가 외야로 빠져나가기 전에 글러브로 막았다. 그러나 타구가 워낙 빨랐기 때문에 A는 타구를 떨어뜨리고 타자는 1루에 살아나간다. 반면 유격수 B는 타구에 도달하지 못하고, 타자가 친 타구는 중견수 앞으로 빠져나간다. 전통적인 통계로는 글러브에 공이 닿은 A는 실책 하나를 기록하고, B는 아무 기록 없이 투수가 안타 하나를 허용했을 뿐이다. 어딘가 정의롭지 않으며 A는 억울한 느낌이다.

최근의 수비 지표들은 억울한 A를 보살피고, 야구계의 정의를 바로 세우기 위한 것에 초점을 맞춘다. 수비 범위라는 개념이 도입(예를 들어 UZR)되었고, 본래 잡을 수 없는 타구와 잡아야했던 타구도 구분하고자 한다. 정교해지고 복잡해지고 있다. 타자가 친 타구가 수비하기 쉽다, 어렵다는 판단마저 데이터화 하려고 시도하는데 그러다보니 웬만한 지식 없이 세이버 매트릭스의 많은 수치를 전부 이해하기는 너무 어렵다.

그래도 야구 책을 낸다는 사람이 어렵다고 해서 아름답고 화려한 기록을 완전히 무시할 수 없는 법. 사이트도 들어가고 필요하면 책도 보면서 열심히 공부하려고 했으나, 역시 어렵다. 그래서 상세한 수비

지표를 논하는 것은 『하룻밤에 읽는 2018년 메이저리그』 쯤으로 미뤄
두기로 한다. 책임 회피. 이렇게 마음이 편할 수가!

| 수비를 잘하는 선수들

한 경기에서 한 선수에게 5~6회 정도 돌아오는 수비 기회를 전부 눈
으로 보고 수비를 잘 한다 못 한다 판단하기도 역시 쉽지 않기는 마찬
가지다. 최고의 수비수로 벌써 인정받는 클리블랜드 인디언스 유격수
프란시스코 린도어는 2016년 시즌 155경기에 유격수로 출전해 총 674
회의 수비 기회(실책 12개, 수비율 .982)가 있었고, LA 에인절스 주전 유격
수 안드렐톤 시몬스는 124경기에서 총 545회(실책 10개, 수비율 .982)였다.
외야수이자 당대 최고의 수비수인 탬파베이 레이스 중견수 케빈 키어
마이어는 104경기에서 274회 수비 기회를 맞아 실책 2개, 수비율 .993
을 기록했다. 앞서 말한 몇 개의 타구가 어려운 타구였고, 어느 정도의
비중으로 쉬운 플라이 볼이 날아왔는지를 기록으로 가늠하긴 어렵다.

결국 기록과 영상들을 살피거나 직접 보고 수비를 잘하는 선수에
관한 이야기를 하는 수밖에 없다. 일단 올해는 dWAR(defensive Wins
Above Replacement, 대체 선수 대비 수비 승리 기여도), DRS(Defensive Run Saves,
수비로 막아낸 실점)의 '개념적인 통계 자료'와 골드글러브 최종 후보(포지션
별 3인), 그리고 윌슨 수비상 등 권위 있는 '수상자 명단'을 나열하는 것
으로 해결하고자 한다.

팬그래프 DRS(Defensive Run Saves) 상위 20걸

1. 무키 베츠(보스턴/우익수) 32
2. 케빈 키어마이어(탬파베이/중견수) 25
3. 아담 이튼(시카고 화이트삭스/우익수) 22
4. 케빈 필라(토론토/중견수) 21
5. 놀란 아레나도(콜로라도/3루수) 20
6. 브랜든 크로포드(샌프란시스코/유격수) 19
6. 애디슨 러셀(시카고 컵스/유격수)
6. 스탈링 마르테(피츠버그/좌익수)
9. 안드렐톤 시몬스(LA 에인절스/유격수) 18
10. 프란시스코 린도어(클리블랜드/유격수) 17
11. 아담 듀발(신시내티/좌익수) 16
12. 애드리안 벨트레(텍사스/3루수) 15
12. 빌리 해밀턴(신시내티/중견수)
12. 카일 시거(시애틀/3루수)
15. 제이슨 헤이워드(시카고 컵스/우익수) 14
15. 콜비 라스무스(휴스턴/좌익수)
17. 엔더 인시아테(애틀란타/중견수) 13
17. 닉 아메드(애리조나/유격수)
17. 매니 마차도(볼티모어/3루수)
20. 더스틴 페드로이아(보스턴/2루수) 12
20. 버스터 포지(샌프란시스코/포수)
20. 이안 킨슬러(디트로이트/2루수)
20. 브렛 가드너(뉴욕 양키스/좌익수)

| 베이스볼 레퍼런스 dWAR 상위 10걸

AL

1. 케빈 키어마이어(탬파베이/중견수) 3.0

2. 무키 베츠(보스턴/우익수) 2.8

3. 프란시스코 린도어(클리블랜드/유격수) 2.7

4. 케빈 필라(토론토/중견수) 2.6

5. 안드렐톤 시몬스(LA 에인절스/유격수) 2.6

6. 매니 마차도(볼티모어/3루수) 2.3

7. 살바도르 페레즈(캔자스시티/포수) 2.0

8. 제이크 마리스닉(휴스턴/중견수) 2.0

9. 카일 시거(시애틀/3루수) 2.0

10. 제로드 다이슨(캔자스시티/중견수) 2.0

NL

1. 브랜든 크로포드(샌프란시스코/유격수) 2.7

1. 애디슨 러셀(시카고 컵스/유격수) 2.7

3. 놀란 아레나도(콜로라도/3루수) 2.3

4. 버스터 포지(샌프란시스코/포수) 2.0

5. 하비에르 바에즈(시카고 컵스/2루수, 3루수) 2.0

6. 닉 아메드(애리조나/유격수) 1.8

6. 빌리 해밀턴(신시내티/중견수) 1.8

8. 엔더 인시아테(애틀란타/중견수) 1.7

9. 아데이니 헤차바리아(마이애미/유격수) 1.7

10. 대니 에스피노사(워싱턴/유격수) 1.6

2016년 시즌 골드글러브 최종 후보

포지션	AL	NL
포수	제임스 매켄(디트로이트)	조나단 루크로이(밀워키/텍사스)
	카를로스 페레스(LA 에인절스)	야디어 몰리나(세인트루이스)
	살바도르 페레즈(캔자스시티)	**버스터 포지(샌프란시스코)**
1루수	크리스 데이비스(볼티모어)	폴 골드슈미트(애리조나)
	에릭 호스머(캔자스시티)	윌 마이어스(샌디에이고)
	미치 모어랜드(텍사스)	**앤쏘니 리조(시카고 컵스)**
2루수	로빈슨 카노(시애틀)	D. J. 르메이휴(콜로라도)
	이안 킨슬러(디트로이트)	**조 패닉(샌프란시스코)**
	더스틴 페드로이아(보스턴)	진 세구라(애리조나)
3루수	**애드리안 벨트레(텍사스)**	**놀란 아레나도(콜로라도)**
	매니 마차도(볼티모어)	앤쏘니 렌돈(워싱턴)
	카일 시거(시애틀)	저스틴 터너(LA 다저스)
유격수	호세 이글레시아스(디트로이트)	**브랜든 크로포드(샌프란시스코)**
	프란시스코 린도어(클리블랜드)	프레디 갈비스(필라델피아)
	안드렐톤 시몬스(LA 에인절스)	애디손 러셀(시카고 컵스)
좌익수	**브렛 가드너(뉴욕 양키스)**	아담 듀발(신시내티)
	알렉스 고든(캔자스시티)	**스탈링 마르테(피츠버그)**
	콜비 라스무스(휴스턴)	크리스티안 옐리치(마이애미)
중견수	재키 브래들리 주니어(보스턴)	빌리 해밀턴(신시내티)
	케빈 키어마이어(탬파베이)	오두벨 에레라(필라델피아)
	케빈 필라(토론토)	**엔더 인시아테(애틀란타)**
우익수	**무키 베츠(보스턴)**	카를로스 곤잘레스(콜로라도)
	아담 이튼(시카고 화이트삭스)	**제이슨 헤이워드(시카고 컵스)**
	조지 스프링어(휴스턴)	닉 마카키스(애틀랜타)
투수	R. A. 디키(토론토)	제이크 아리에타(시카고 컵스)
	달라스 카이클(휴스턴)	**잭 그레인키(애리조나)**
	저스틴 벌랜더(디트로이트)	아담 웨인라이트(세인트루이스)

* 굵은 글씨는 수상자

| 2016년 시즌 윌슨 올해의 수비상

* dWAR(25%), DRS(25%), Inside Edge fielding ratings(20%), Inside Edge arm ratings(20%), 수비율(Fielding Percentage) 10%를 종합, 포지션별 1명의 선수에 시상
* 투수, 포수는 다른 산출 방식

올해의 수비수	무키 베츠(보스턴, 우익수)
올해의 수비팀	샌프란시스코 자이언츠(최소 실책 72개, 수비율 .988 1위)
포수	버스터 포지(샌프란시스코, NL)
1루수	앤쏘니 리조(시카고 컵스, NL)
2루수	더스틴 페드로이아(보스턴, AL, 골드글러브 탈락)
3루수	놀란 아레나도(콜로라도, NL)
유격수	브랜든 크로포드(샌프란시스코, NL)
좌익수	브렛 가드너(뉴욕 양키스, AL)
중견수	케빈 키어마이어(탬파베이, AL)
우익수	무키 베츠(보스턴, AL)
투수	잭 그레인키(애리조나, NL)

　　외야수 중에는 탬파베이 레이스 중견수 케빈 키어마이어, 보스턴 레드삭스 우익수 무키 베츠, 내야수 중에는 샌프란시스코 자이언츠 유격수 브랜든 크로포드, 콜로라도 로키스 3루수 놀란 아레나도, 클리블랜드 인디언스 유격수 프란시스코 린도어, 시카고 컵스 유격수 애디슨 러셀, 샌프란시스코 자이언츠 포수 버스터 포지 등이 당대 최고 수비수들이라는 건 '사실'로 인정하게 되는 순위 및 수상자 명단이다.

　　고개를 갸우뚱하게 만드는 사례들도 있다. 아담 이튼(워싱턴으로 트레

이드)은 DRS 최상위권에 위치했는데, dWAR에서는 그만큼 좋은 평가를 받지 못했다. 하비에르 바에즈(시카고 컵스, 유틸리티), 제이크 마리스닉(휴스턴, 외야수)은 dWAR 2.0 이상을 기록한 15명 안에 들었는데, DRS 20위 안에는 이름을 올리지 못했다. 또한 캔자스시티 로얄스 1루수 에릭 호스머(2013, 2014, 2015 AL 1루수 골드글러브 수상)는 팬그래프 사이트에 가보면 수비 범위도 좁고, 수비 효율성도 최악인 수비수인데, 역시 올해도 골드글러브 최종 후보로 이름을 올렸다. 골드글러브에는 각 구단의 감독과 코치의 투표가 포함된다. 어리둥절.

똑 부러지게 결론이 잘 나지 않는 건, 비단 야구 중에서도 누가 수비 잘하는 선수인가 논쟁에 그치진 않을 것이다. 한 사람의 신체의 상태, 마음의 상태, 심지어 장기의 상태를 전부 수치화한다고 그 사람과 그 삶에 대해 똑 부러지게 결론을 낼 수 없지 않은가. 그렇게 인생과 야구는 또 닮은 부분이 있다고 독자들에게 변명을 댄다. 인생 그리고 수비는 솔직히 잘 모르겠다.

2016년 시즌 재미난 기록들

시카고 컵스 홈구장 리글리 필드

4월 초에 시작해서 10월 초에 마무리 되는, 6개월의 정규시즌에 2,430경기가 예정되어 있는 메이저리그, 10월 초부터 약 한 달 30~40 경기의 포스트시즌 경기가 더 열리는 길고 긴 시즌에 이런저런 사건, 사고나 에피소드는 당연히 끊이지 않는다. 개막전에서 텍사스 레인저스가 1안타로 3-2 승리를 거두는 보기 드문 장면(첫날부터 불운했던 패전투수는 시애틀 '킹' 펠릭스 에르난데스)을 연출하며 시작된 2016년 시즌에도 위대한 기록, 감동적인 기록, 때로는 어처구니없거나 재미있는 기록들이 쏟아졌다. 주로 시간 순서대로 2016년 시즌에 나온 기억할만한 기록들을 돌아본다.

| 애틀란타 브레이브스 팀 전체보다 홈런을 많이 친 박병호

콜로라도 로키스 신인 유격수 트레버 스토리는 빅리그 데뷔 신인이 개막 3경기에 4홈런을 담장 밖으로 날리는 무지개 쇼를 선보이며 홈런의 시즌인 2016년 시즌 개막을 화려하게 장식했다. 결국 7월 말 27홈런을 기록하던 중, 시즌 아웃 부상을 당하며 아쉽게 시즌을 마감하긴 했지만 2016년이 발견한 최고의 신인 중 한 명이었다. 지난 2015년 시즌 NL 사이영상 투수로 거듭난 시카고 컵스 제이크 아리에타는 4월 21일 신시내티 레즈를 상대로 2016년 시즌 유일의 노히트 게임을 달성했다. 신시내티 레즈 불펜진은 4월 11일부터 5월 5일까지 23경기 연속 불펜 실점 신기록을 허용하며(팀 7승 16패) 상대 팀 타자가 아닌 '같은 팀 선발 투수'들에게 공포의 대상이 되었다. 4월에 애틀란타 브레이브스 타선은 월간 팀 23경기에서 고작 5개 홈런을 때렸다. 4월 미네소타 트윈스 지명타자 박병호 한 선수가 친 홈런이 7개로 애틀란타 브레이브스보다 많았다.

시작부터 망신을 당한 샌디에이고 파드레스는 홈에서 치른 개막 3연전에서 LA 다저스에게 15-0, 3-0, 7-0으로 합계 '이십오 대 빵!' 개막 시리즈 세 경기 연속 영봉패 망신을 당했다. 메이저리그 사상 최초의 개막 3연전 완봉패였다.

5월 11일(미국 시간) 워싱턴 내셔널스 맥스 슈어저 투수는 친정 팀 디트로이트 타이거즈를 상대로 메이저리그 역사상 23차례나 나온 퍼펙트게임보다 훨씬 적은 6번째 20K 경기를 달성했다.

1975년 11월 18일 생, 만 40세로 은퇴 시즌을 보낸 보스턴 레드삭스 지명타자 데이비드 오티스는 은퇴 시즌에 장타율, OPS, 2루타 MLB 전체 1위, 타점 AL 1위를 기록했다. 시즌 내내 나이가 전혀 느껴지지 않는 모습으로 타율 .315 38홈런 127타점으로 생애 통산 5번째이자 40대 나이로 3할-30홈런-100타점 시즌을 만들었다. '왜 은퇴를 하지?'라는 의문점이 남을 법 했지만, 상대 팀들은 은퇴를 선언한 오티스에게 잘 가라고 선물을 챙겨줬다.

보스턴 레드삭스의 우익수 무키 베츠는 5월 31일, 6월 1일 볼티모어 원정 2경기 연속으로 첫 두 타석 연타석 홈런을 기록했다. 두 경기 모두 1회와 2회에 홈런을 친 것을 포함, 5개 홈런 7타점을 몰아치면서 본격적으로 MVP 경쟁에 뛰어 들었다.

사이영상, 두 번의 노히트 게임을 기록하며 말 그대로 미친 질주를 계속하던 시카고 컵스 에이스 제이크 아리에타가 2015년 8월부터 이어온 20연승은 2016년 6월 5일 시카고 홈에서 애리조나 다이아몬드백스에 패하며 중단되었다. 생에 가장 뜨겁던 10개월(중간에 포스트시즌 1패는 있다)을 보낸 아리에타는 이후 그때만한 위력을 완전히 되찾진 못하고 있다는 비판 아닌 비판을 받고 있는데, 10승 방어율 0.44를 기록한 2015년 마지막 10연승 기간, 10승 1.56을 기록한 2016년 초반의 10연승 기간의 위력을 다시 찾는다면, 그게 인간의 투구일까? 가능하지도 않겠지만 정말 또 그렇게 던질 수 있다면 그건 반칙 아닐까?

┃ 블론세이브 1위＝승률 1위? 짝수 해니까, 샌프란시스코 자이언츠

올스타전을 앞두고 시카고 컵스가 살짝 부진에 빠지며, 올스타전 휴식기까지를 의미하는 전반기 MLB 최고 승률 팀은 샌프란시스코 자이언츠가 되었다. 그런데 샌프란시스코는 전반기에 이미 17개를 기록하며, 블론세이브 1위를 달리고 있었다. 이런 불펜으로도 선두를 달릴 수 있다니. 이러한 비정상적 상황은 올스타전이 끝나기 무섭게 샌프란시스코 자이언츠가 추락하며 정상화(?) 되었다. 끝내 샌프란시스코 자이언츠는 30 블론세이브로 가장 많은 블론세이브를 기록하고도 포스트시즌에 올라간 팀이 되었다(블론세이브란 불펜이 앞선 상황에 나와 동점 혹은 역전을 허용한 것을 말한다).

불안해 보이는 가운데서도 나오기만 하면 세이브를 성공시키던 뉴욕 메츠 마무리 쥬리스 파밀리아의 52연속 세이브는 7월이 끝나기 전, 7월 27일 세인트루이스 카디널스와 경기에서 결국 중단되었다. 에릭 가니에의 84경기 연속 세이브 성공기록까지는 한참 남아있긴 했지만 그래도 이렇게 불안한 투수가 그 기록을 위협이라도 하면 어쩌나 괜한 걱정을 하던 나는 그날 안도의 한숨을 내쉬었대나 뭐래나. 심지어 2016년 시즌 5월, 블론세이브 없이 2승 1패 9세이브를 기록한 파밀리아의 월간 방어율은 5.40이었다.

시카고 화이트삭스 에이스 크리스 세일은 팀에서 준비 중인 '예전 유니폼 이벤트 데이'의 유니폼이 몹시 마음에 들지 않았다. 적어도 자신의 선발 등판 경기에서는 입지 말자고 구단에 정중하게 의견을 말했다. 그런데 하필이면 자신의 등판일인 7월 23일이 구단에서 정한, 마음에 들지 않은 '예전 유니폼 이벤트' 날이었다. 망할 디자인의 유니폼이 너무 싫었던 크리스 세일은 분을 이기지 못하고, 자신은 물론 동료들의 유니폼까지 가위로 찢어버렸다. 성격 파탄자로 낙인찍힌 크리스 세일은 팀 내에서 자체 출장 정지를 받았고, 마침 다가온 트레이드 마감일에 다른 팀으로 트레이드 될 것이란 소문이 무성했지만 시카고 화이트삭스 소속 선수로 2016년 시즌을 마치고 결국 보스턴 레드삭스로 트레이드 되었다.

8월 7일 볼티모어 오리올스의 매니 마차도는 시카고 화이트삭스를 상대로 1회 2점 홈런, 2회 3점 홈런, 3회 다시 2점 홈런을 담장 밖으로 날려버렸다. 3회까지 3홈런 7타점! 9회로 환산하면 홈런 9개에, 21타점을 올릴 페이스였던 경기였다. 하지만 마차도는 더 이상의 홈런을 추가하지 못했고, 심지어 4홈런 경기도 만들지 못했다.

| 이치로, 30번째 3,000안타 타자가 되다

2016년 시즌 가장 위대한 기록은 누가 뭐래도 이치로 스즈키의 3,000안타 달성이다. 제법 야구를 본 팬들도 살짝 헷갈린 이치로의 3,000안타를 달성할 당시의 소속팀은 마이애미 말린스다. 8월 7일 콜로라도 원정 7회 초 상대 투수 크리스 러신을 상대로 3루타를 기록하며 메이저리그 16번째 시즌 만에 30번째 3,000안타 선수가 되었다.

8월 16일 마이애미 말린스의 이치로는 3,004안타를 기록하고 있었는데, 마이애미를 상대하는 신시내티 레즈 선발 라인업 9명의 메이저리거 통산 안타 합계는 2,499개였다. 이것이 바로 전설의 9 대 1 전투인가?

8월 19일 밀워키 브루어스는 하버드 대학 출신의 브렌트 수터를 선발 투수로 내세웠다. 밀워키 브루어스가 좌완 선발 투수를 기용했던 마지막 경기는 2013년 8월 29일 톰 고젤라니가 선발로 나온 경기였다. 그 후 474경기 동안 우완투수가 선발로 등판했다. 미국엔 꽤 왼손잡이가 많은 걸로 알고 있는데 이상하다. 그리고 하버드 대학 출신 선수가 메이저리그 선발 투수로 마운드에 오른 것은 27년만의 일이었다. 둘 중 무엇이 더 놀랍지?

피츠버그 파이어리츠 홈구장 PNC 파크 호너스 와그너 동상

9월 29일 피츠버그 PNC 파크에서 열린 시카고 컵스와 피츠버그 파이어리츠의 두 팀 간 마지막 대결은 6회 1-1 동점 상황에서 계속 내리는 비로 중단되었다. 비가 그치지 않아 경기가 속개되기 어려운 상황, 이 경기 승패가 순위에 영향을 미치지 않는 것을 이유로 경기는 무승부가 선언 되었다. 2005년 6월 30일 신시내티 레즈 대 휴스턴 애스트로스 무승부 이후 11년만의 무승부 경기였다.

신시내티 투수진은 2016년 시즌 258개 홈런을 허용하며, 한 시즌 팀 최다 피홈런 신기록을 세웠다. 앞서 불펜진이 23경기 연속 실점을 기록한 것을 포함해 부끄러운 기록을 여러 개 세웠다. 반면 2015년 월드 시리즈 우승 팀인 디펜딩 챔피언 캔자스시티 로얄스는 부진한 가운데 크게 주목도 받지 못하고 2016년 시즌이 싱겁게 끝나버렸는데, 그 와

중에 불펜진 42이닝 연속 무실점이라는 반짝반짝 빛나는 신기록을 세웠다.

미국 중부 시골에 자리한 야구의 도시 세인트루이스의 명문 팀 세인트루이스 카디널스의 240경기 연속 4만 이상 관중 기록이 3년만인 2016년 9월 26일 마침내 중단되었다. 4만 이하의 관중이 들어온 것이 2013년 9월 25일 이후 정확히 3년만이었다. 세인트루이스가 얼마나 작고 한적한 도시인지 안다면, 이 작은 도시의 야구 열기를 숫자로 확인하는 것은 놀라운 일이다. 3년 만의 비극인 4만 이하의 관중이 들어왔다는 그날의 관중은 34,942명이었다. 마냥 부럽다.

30홈런 59타점, 오타 아님

종전 30홈런 타자의 최소타점 기록은 1964년 펠릭스 만탈라와 1992년 롭 디어가 갖고 있던 64타점이었다. 뉴욕 메츠 커티스 그랜더슨과 세인트루이스 카디널스 제드 져코는 30홈런을 기록하면서 타점은 고작 59타점을 기록하며 신기록(?)을 세웠다. 제드 져코는 30홈런 중 18개가 솔로 홈런이고 12개가 주자 있을 때 홈런인 데서 볼 수 있듯 기회가 더 주어졌으면 더 많은 홈런과 타점을 기대할 수 있었던 사례였는데(400타수), 545타수에서 30홈런 59타점 기록을 남긴 그랜더슨은 홈런 30개 중 24개가 1점 홈런이고, 득점권 타율이 .152에 불과한데서 나타나듯 유난히 1점 홈런을 사랑한 남자였다. 뭔가 일이 복잡해지는 걸 싫어하는 단순함의 극치인 진정한 남자랄까?

2,400번이 넘는 경기에서 나오는 별의별 기록들 중엔 영광스런 기록도 있지만 부끄럽고 창피한 기록도 섞여있다. 기록을 통해 명예를 얻

는 선수도 있지만, 본의 아니게 우스꽝스러운 이름으로 남는 선수나 팀도 있다. 뭐가 됐든 야구 역사책에 이름이 남을 수만 있다면야 이런들 어떠하고 저런들 어떠하랴.

굿바이 호세, 고마워요 빈 스컬리

LA 다저스 다저스타디움 전광판의 빈 스컬리

만났으니 헤어져야한다. 피할 수 없는 숙명이다. 어른이 된다는 건 어쩌면 이런저런 이별 앞에서 덤덤해진다는 것이다. 하지만 어른이 되었다고 모든 이별 앞에서 덤덤할 수 있는 건 아니다. 2016년 시즌 메이저리그에도 다양한 이별이 있었다. 때로는 덤덤하게, 가끔은 활짝 웃으며 맞이하는 이별도 있었지만 눈물 나는 슬픈 이별도 있었다.

굿바이 호세 페르난데스

정규시즌 폐막을 얼마 안 남긴 9월 말 새벽, 비극적인 소식이 태평양을 건너왔다. 마이애미 말린스 에이스 투수인 호세 페르난데스가 등판

일이 하루 뒤로 밀리며 친구들과 밤낚시를 갔다가 보트 사고로 그만 목숨을 잃었다는 뉴스였다.

　호세 페르난데스는 소년 시절 우여곡절 끝에 조국인 쿠바를 탈출한 1992년생 만 24세의 젊은 에이스였다. 미국에 정착한 몇 년 후인 2011년 드래프트 1라운드에서 마이애미 팀에 뽑혔고, 데뷔한 2013년에는 내셔널리그 신인상을 수상하며 탄탄대로가 열리나 싶었으나 2014년 토미 존 수술 후 1년이 넘는 재활을 했다. 지루한 재활을 마치고 2015년 하반기에 복귀했으며 2016년 16승 8패 방어율 2.86으로 두 번째 올스타 선정과 함께 멋지게 재기에 성공했다. 화려한 영광과 엄청난 돈이 그를 기다리고 있었는데 사고로 영영 마운드를 내려오고 말았다.

　호세 페르난데스는 2016년 시즌 9이닝 당 탈삼진 1위(12.49개)를 기록한데서 나타난 바와 같이 속이 다 후련해지는 빠른 공, 감탄을 자아내는 커브를 모두 잘 던지는 투수였다. 생애 통산 38승 중 홈에서의 승리가 29승(2패 방어율 1.49)인, 홈에서 특히 강했던 이유로 마이애미 홈 팬들이 몹시 사랑한 에이스였다. 통산 성적 38승 17패 방어율 2.58 76경기 471.1이닝 탈삼진 589개로 짧은 선수 생활과 삶을 마쳤다.

나중에, 사고 당시 음주는 물론 코카인을 흡입한 것으로 밝혀지면서 슬픔에 빠져 호세 페르난데스의 명복을 빌었던 팬들의 맥이 빠지긴 했으나 호세는 왜 그랬냐고 따져 물을 수도 없는 불귀의 객이 되었다. 메이저리그 팬들이 가슴 먹먹하게 며칠을 보내게 만들었던 호세의 죽음은 막연한 무언가를 곰곰이 생각하게 만들었다. 고인의 명복을 빈다. 굿바이, 호세.

| 슈퍼스타의 쓸쓸한 퇴장

2016년 8월 7일 또 하나의 이별 소식이 있었다. 지난 20여년 메이저리그 선수를 통틀어 최고의 영광과 최악의 망신살이란 양극단을 오간 슈퍼스타이자 소문난 거짓말쟁이며, 동시에 몹쓸 약쟁이 뉴욕 양키스 '에이로드' 알렉스 로드리게스의 은퇴 기자회견이 열렸다. 동시대에 활약한 어느 누구보다(배리 본즈는 빼고) 화려한 기록과 역시 어느 누구보다(배리 본즈는 또 빼고) 추잡하고 거짓으로 가득한 약물 스캔들을 동시에 겪은 선수 에이로드의 은퇴 기자회견에서 작은 책상과 그 위에 놓인 앙상한 마이크는 유난히 초라해 보였다.

1993년 드래프트 전체 1순위로 시애틀 매리너스에 선발되어 18세에 메이저리그 무대에 데뷔하고, 20세 시즌인 1996년 시애틀 매리너스 주전 유격수로 활약하며 36홈런 123타점에 타율 .358로 타격왕을 차지한, 떡잎의 크기에서 이미 남들과 비교 자체를 불허한 선수 알렉스 로드리게스였다. 스케일이 다른 에이로드는 1998년 22세 시즌에 40홈런-40도루(최종 기록 42홈런-46도루. 40홈런-40도루는 호세 칸세코, 배리 본즈에 이어 세 번째. 전부 약물 관련자라는 사실이 슬프다)를 기록했고, 2001년 텍사스 레인저스로 이적하며 10년 총액 2억 5천만 달러 규모의 당시로는 감히 상상해 본 적도 없는 초대형 계약을 성사시키며 가는 길마다 역사를 새로 고쳐 쓴 선수였다.

알렉스 로드리게스는 큰 인물답게 2003, 2005, 2007년 총 3회 AL MVP를 차지했고, 홈런왕 5회, 타점왕 2회, 타격왕 1번, 득점 1위 5번, 최다안타 1위 1회를 기록했고, 실버슬러거 10회, 골드글러브 2회(최고의 수비수 오마 비즈켈에 막혀 골드글러브 수상 기회는 적었음), 올스타 14회라는 영광을 누렸다. 1998년부터 2010년까지 13년 연속 30홈런-100타점을 포함해, 총 14시즌 동안 30홈런-100타점을 기록했고, 그 중 8번의 3할-30홈런-100타점을 기록한, 정말로 클래스가 남다른 선수였다.

통산 기록 역시 말도 못할 정도로 화려하다. 홈런 696개로 4위, 2,086타점은 3위, 득점 역시 2,021득점으로 8위, 3,115안타로 안타 20위, 통산 5,813루타와 장타 1,275개는 모두 6위, 도루도 329개로 127위에 오른 초초초대형 스타가 알렉스 로드리게스이긴 하다. 하지만 2000년대 후반부터 알렉스 로드리게스를 덮친 약물 스캔들과 "그런 적 없는데요?"라는 거짓말이 몇 번 겹치면서 인기와 명예를 급격히 잃어갔다. 게다가 나이를 반영하듯 성적마저 급락하면서 동정보다는 약물의 도움을 받은 선수라는 이미지는 더욱 강해졌다. 그가 스스로 고백한 2001~2003년 약물 복용 말고도 또 다른 약물 스캔들에 휩싸여 선수 생활 말년인 2014년 시즌 전체 162경기 출장정지 징계를 받으며 거의 모든 사람들이 등을 돌리게 되고, 퇴로까지 막힌 '쓸쓸한 왕년의 슈퍼스타로 전락했다. 결국 2016년 시즌 부진이 계속되며 뉴욕 양키스의 앞날을 가로막는 선수가 되었고, 반강제적인 은퇴 기자 회견을 열었다.

더 이상 추락할 명예도 없는 에이로드가 통산 696홈런에서 과연 멈추고 정말로 은퇴를 하겠느냐는 의문은 여전하다. 어느 팀 유니폼을 입건 알렉스 로드리게스는 홈런 4개만 더 치면 700홈런-2,000타점-3,000안타-2,000득점-300도루라는 전무후무한 기록을 남기고 은퇴할 수 있는 상황이다(700홈런 달성자 중 배리 본즈, 베이브 루스는 3,000안타에 미치지 못하며, 행크 애런은 240개의 통산 도루 기록을 갖고 있다).

2016년 2할이 간신히 넘는 타율과 9개 홈런을 기록한 40대 밉상 노장 선수인 에이로드의 선택은 무엇이며, 그를 받아줄 팀이 있는가의 문제도 있지만 그것보다 훨씬 중요한 것은 최다 안타 1위 피트 로즈(도박 스캔들), 최다 홈런 1위 배리 본즈(약물), 300승-4,000K, 사이영상 7회 최다 수상자 로저 클레멘스(약물)에 이어 알렉스 로드리게스까지 메이저리그 최고의 기록을 가진 초대형 슈퍼스타들이 멍에만 뒤집어 쓴 채 명예의 전당에 들어가지 못하고 바깥에서 어슬렁거리며 환영받지 못하는 현실이 지나치게 쓰리다는 것이다. 아, 아득한 명예여, 힘든 야구여.

▎부상 그리고 은퇴 그 쓸쓸함

알렉스 로드리게스만큼 찬란한 선수 생활을 보내진 못했지만, 홈런왕을 차지한 경험이 있는 뉴욕 양키스 1루수 마크 테세이라와 텍사스 레인저스 지명타자 프린스 필더 역시 2016년 시즌을 끝으로 은퇴를 선언했다.

1990, 1991년 2년 연속 AL 홈런, 타점왕인 세실 필더의 아들로, 야구계 '금수저'로 태어났으나 아버지와 의절한 사이인(프린스 필더의 계약금을

도박에 사용한 못난 아버지!) 프린스 필더는 2002년 1라운드 7번 픽으로 드래프트에서 뽑힌 후, 밀워키, 디트로이트, 텍사스 레인저스를 거치며 12년간 메이저리그 선수 생활을 했다.

프린스 필더의 육중한 몸매에서 나오던 2007년 NL 홈런왕(50홈런), 2009년 타점왕(141타점)의 위력은 30대라는 나이와 함께 완전히 사라졌다. 특히 심각했던 최근 몇 년간의 장타력 실종의 주요 원인인 목 디스크 증세가 좀처럼 호전되지 않으며 프린스 필더는 2016년 시즌 중, 아직은 이른 32세 나이에 운동선수 생활을 그만두었다. 메이저리그 통산 기록(실제로 10년 기록)은 319홈런, 1,028타점, 1,645안타로 준수하긴 하나, 명예의 전당을 거론하기엔 한참 모자란 성적이다.

명문 조지아공대 출신으로 2001년 드래프트 1라운드 5번으로 텍사스 레인저스에서 프로생활을 시작한 야구계 엘리트, 뉴욕 양키스 1루수 마크 테세이라 역시 2016년 시즌을 끝으로 14년 빅리그 생활을 끝내고 일반인으로 돌아갔다.

준수한 출루율, 뛰어난 장타율, 완벽한 수비력까지 모든 면에서 뛰어난 1루수였던 마크 테세이라는 2004년부터 2011년까지 8년 연속 30홈런-100타점을 기록했고, 골드글러브 5번(수비를 참 잘했다), 실버슬러거 3회, 올스타 3회 등 남부럽지 않은 야구를 했으며, 인기도 좋았던 부러운 남자였다. 2009년 AL 홈런, 타점 1위를 기록했지만 MVP는 포수 타격왕 조 마우어(미네소타)에게 양보했던 부분이 아쉬웠던 순간이긴 하지만 대체로 텍사스 레인저스, 뉴욕 양키스 등 좋은 팀에서 귀공자풍 선수 생활을 꾸준히 한 선수였다. 메이저리그 통산 409홈런, 1,298타점, 1,862안타, 출루율 .360, 장타율 .509는 프린스 필더와 마찬가지로 명예의 전당을 운운하기엔 부족하지만(스위치 타자로 400홈런을 넘긴 선수는 역대 빌 머레이, 미키 맨틀, 치퍼 존스, 카를로스 벨트란, 테셰이라 다섯 명이 전부다) 스타라고 불러도 무방한 선수로 기억남을 만하다. 프린스 필더와 마크 테셰이라라는 명예의 전당 입성이 어려운 선수긴 하지만 그래도 한 시대를 지나며 꽤 주목받은 선수이니 그들의 은퇴 시즌이 된 2016년에라도 기억하겠다고 약속하고 박수도 힘껏 쳐주고 싶다.

| 즐겁고 신나는 마지막 시즌 그리고 안녕

아름다운 이별이란 게 있을까? 훨씬 젊었던 시절, 이별한 친구가 소주 한 잔 하자며 불러내 떠나간 여자친구를 욕하다가, 보고 싶다고 눈물 찔끔거리다가 하는 모습을 보며 생각했던 게, 연애에는 '아름다운 이별'이 없다는 것이었다. 하지만 연애엔 없을지 몰라도 야구에는 아름다운 이별이 있다.

20년 뉴욕 양키스 팬인 나는 당연히 라이벌 팀인 보스턴 레드삭스 선수들을 별로 좋아하지 않는다. 하물며 2004년 대참사(ALCS 뉴욕 양키스가 3승 무패에서 역스윕 당한 참사)의 주역 데이비드 오티스는 말도 못하게 미워하는 선수였다. 그런데 시간은 나의 승부욕을 무디게 만들었고 12년이란 시간이 흐른 후 돌이켜 보면 보스턴 선수들을 '그렇게 미워할 것까지야…' 하는 생각마저 든다. 부글부글. 결국 모두가 '야구의 추억'으로 변한 그곳에 있는 선수 중 특별한 선수인 보스턴 지명타자 데이비드 오티스가 2016년 시즌을 끝으로 은퇴했다.

최근 몇 년 유행처럼 번진 마리아노 리베라(뉴욕 양키스), 치퍼 존스(애틀란타), 데릭 지터(뉴욕 양키스)의 은퇴 투어가 부러웠는지, 오티스는

2016년 시즌 시작 전에 미리 은퇴를 선언하고 원정 팬들의 환호, 원정 팀에서 주는 감동의 선물을 기대했던 것 같다.

1992년 시애틀과 계약하며 미국 야구에 진출한 데이비드 오티스는 1996년 미네소타 트윈스에서 데뷔했으나 별다른 빛을 보지 못했다. 2002년 20홈런 75타점의 나쁘지 않은 성적을 올리고도 미네소타에서 방출 당하고 절치부심 보스턴 레드삭스로 이적했다. 보스턴 선수가 된 2003년 시즌에 그간의 설움을 날리며 31홈런 101타점을 기록, 오티스 야구 인생의 대전환점을 맞이했다. 그 후 보스턴 레드삭스에서 14시즌 동안 데이비드 오티스는 마침내 풀타임 메이저리그 주전급을 훌쩍 넘어 메이저리그 슈퍼스타로 떠올랐다.

보스턴 레드삭스의 1루수와 지명 타자로 활약한 14시즌 동안 오티스는 483홈런, 1,530타점, 2,079안타, OPS .956의 최정상급 타자가 되었고, '밤비노의 저주'를 무너뜨린 '86년만의 우승'의 주인공이 되었다. 미네소타 시즌을 포함해 통산 541홈런(17위), 1,768타점(22위), 2루타 632개(10위), 장타 1,192개(8위, 켄 그리피 주니어, 라파엘 팔메이로와 동률)를 기록지에 남겨, '기록으로는' 명예의 전당에 들어가기에 부족함이 없는 슈퍼스타로 은퇴할 수 있게 되었다. 지명타자라는 포지션도 걸림돌이지만, 오티스도 약간의 약물 스캔들이 있다. (하. 지겹다. 그놈의 약물)

어쨌거나 만 40세이며 은퇴 시즌인 2016년 시즌에 오티스는 3할-30홈런-100타점은 기본이고, AL 타점왕, 장타율 1위, OPS 1위 등 은퇴하기 아까운 기록을 남겼다. 이건 무슨 일이람? 지명 타자 중 단연 돋보이는 bWAR 5.1은 시애틀 매리너스 넬슨 크루즈(4.7), 토론토 블루제이스 에드윈 엔카나시온(3.7) 정도를 제외하고는 비교대상조차 찾기 어려운 맹활약이었다.

은퇴를 선언한 오티스가 너무 잘하자 상대 팀들은 마지막 원정에 나선 오티스에게 잘 가라며 훈훈하게 선물을 챙겨줬다. 주로 지역 특산품이 많았던 선물 중에 가장 특이했던 것은 볼티모어 원정길에서 오티스가 심판 판정에 불만을 품고 때려 부쉈던 불펜용 전화기를 선물한 볼티모어 구단이었다. (음, 고쳐놓고 가라는?) 비록 월드시리즈 우승은 못했지만 본인 성적이 좋고, 팀도 지구 우승을 차지한 2016년 데이비드 오티스의 은퇴는 가장 화려한 은퇴 중 하나로 남을 것 같다.

| 고맙습니다. 빈 스컬리

2016년 시즌에는 메이저리그, 아니 어쩌면 스포츠 전체를 통틀어 가장 아름다운 이별이 있었다. 1950년 다저스 중계방송을 시작한 이래 꼬박 67년을 다저스와 함께 한, 메이저리그의 역사인 목소리, LA 다저스 전담 캐스터 빈 스컬리씨의 은퇴였다. 건강한 빈 스컬리씨는 환하게 웃고, 팬들은 박수로 고마움을 전하던 그의 은퇴식은 캘리포니아답게 무척 따뜻했다.

빈 스컬리옹께서 방송을 시작한 1950년 다저스의 주전 포수는 로이 캄파넬라, 2루수는 '최초의 흑인 선수' 재키 로빈슨(전 구단 영구 결번인 42번의 주인공 재키 로빈슨 맞다), 외야수 듀크 스나이더 등 야구 역사책 혹은 '그땐 그랬지' 같은 코너에서나 보던 이름들이 선수로 뛰고 있었다. 빈 스컬리씨가 처음 방송하던 때의 팀 이름 역시 LA 다저스가 아닌 '브룩클린 다저스'였고, 다저스의 라이벌 팀은 샌프란시스코 자이언츠가 아닌 '뉴욕 자이언츠'였다. 진짜 호랑이가 담배를 피우고 있었을지도 모르는 시절의 이야기다.

빈 스컬리 캐스터가 다저스 중계를 시작하고 난 후인 1955년이 돼서야 브룩클린 다저스는 첫 번째 월드시리즈 우승을 차지했다. 1941년부터 1953년까지 뉴욕 양키스에게만 월드시리즈에서 다섯 번을 내리진 브룩클린 다저스는 1955년 마침내 월드시리즈 7차전 혈투 끝에 뉴욕 양키스를 누르고 첫 월드시리즈 우승 트로피를 차지했다. 그리고 1958년 시즌을 앞두고 뉴욕 지역의 라이벌인 뉴욕 자이언츠와 함께 뉴욕 양키스가 없는 서부 캘리포니아로 훌쩍 연고지 이전을 감행했다. 뉴욕 출신의 빈 스컬리씨도 다저스 팀과 함께 이동하여 60년째 남부 캘리포니아의 화사한 햇살을 즐기며 건강하게 지내고 계신다.

빈 스컬리의 67년 여정을 이야기하자면 책 두 권도 모자라다. 빈 스컬리씨가 메이저리그의 역사 그 자체이기 때문이다. LA 다저스로 한정해도, 스컬리씨는 1960년대 초반 샌디 코팩스가 퍼펙트 게임을 하며 메이저리그 전체를 들었다 놨다 했던 시절은 물론, 행크 애런이 베이브 루스의 통산 홈런 기록을 넘어선 715호 홈런을 날린 현장에도(행크 애런의 소속팀은 애틀란타 브레이브스였고, 상대 팀이 LA 다저스였다), 1981년 페르난도 발렌수엘라의 돌풍과 우승의 현장, 1988년 오렐 허샤이저와 커크 깁슨이 만들어 낸 LA 다저스의 6번째이자 마지막 월드시리즈 우승 현장에 어김없이 빈 스컬리씨의 목소리가 함께했다.

별로 흥분하지 않고, 비교적 담담하게 현장을 전달하는 빈 스컬리씨의 목소리와 함께 메이저리그를 보는 건 무척 즐거웠다. 고맙습니다. 오래오래 건강하세요, 빈 스컬리 할아버지!

그 밖에도 많은 선수들이 2016년 시즌을 끝으로 빅리그 무대를 떠나게 된다. 한때 MVP였고, 국민 팀 LA 다저스 유격수를 맡았던 지미 롤린스(전 필라델피아, LA 다저스 등), 리베라 못지않은 마무리 투수였던 조 네이선 등이 메이저리그 무대로 돌아오기는 쉽지 않아 보이고, 스타 출신이 아닌, 한 번도 주목받지 못한, 이름조차 기억나지 않는 선수들 도 메이저리그 무대에서 쓸쓸히 퇴장한다. 운명이다. 어느 날, 호세 페 르난데스가 그립고, 빈 스컬리 할아버지가 보고 싶어질지도 모르겠다. 굿바이, 호세, 굿바이, 빈 스컬리!

니가 가라 가을야구!

세인트루이스 카디널스 홈구장 부시스타디움

추억의 영화 '친구'에서 주인공 장동건은 하와이에 숨어있기를 권유하는 오래된 벗 유오성에게 "니가 가라. 하와이"라는 한국 영화사에 길이 남은 명대사를 건넨다. 하와이가 그렇게 좋다는데 친구인 네가 가야지 하는 눈물겨운 우정이 반짝반짝 빛나는 장면이다. 2016년 9월 메이저리그에서도 이런 눈물겨운 우정의 순간들이 무더기로 등장했다. 그렇게 좋다는 가을야구인데 나보다는 네가 가서 해야지. "니가 가라 가을야구!"

메이저리그 팀들이 이렇게 속 깊고 다른 팀 배려에 앞장서는 평화주의자는 당연히 아니고, 시즌을 치르다 보면 우리 팀 방망이만 유난히 무겁게 느껴질 때가 있다. 그 모습이 마침 포스트시즌을 향한 치열한 레이스가 한참인 9월에 자주 포착되었고, 잘생긴 남자 배우가 "니가 가라, 가을야구"라고 말하는 것 같았다. 뭉클하…지 않고 한심했다.

| 와일드카드 두 장의 마법

1995년 AL, NL 양대 리그가 동부, 서부 2개 지구에서 동부, 중부, 서부 3개 지구로 재편성 되면서 가을 야구에 와일드카드 그리고 디비전시리즈 제도가 처음 도입되었다. 와일드카드는 지구 2위 팀 중 가장 승률이 좋은 1팀을 말하며, 와일드카드를 차지한 팀은 가을 야구에 진출해 리그 승률 1위 팀과 디비전시리즈를 치른다. 1993년까지 메이저리그 포스트시즌 제도는 챔피언십시리즈 4승, 월드시리즈 4승, 합쳐서 8승을 거두면 챔피언이 됐다. 그러나 1994년 파업으로 1904년 이후 처음 월드시리즈가 무산된 후 위기 의식을 느낀 메이저리그는 5전 3선승제 디비전시리즈 제도를 창설해 포스트시즌을 한 단계 더 만들어 흥행을 성공시키고 인기를 회복하고자 했다. 우승을 위해서는 3승, 4승, 4승 도합 11승이 필요해졌고, 길어진 포스트시즌은 완전히 다른 야구가 되었다.

하지만 세상 어떤 제도도 완벽할 수 없는 법. 지구 2위 팀이 와일드카드로 포스트시즌에 진출해 1위 팀들과 같은 조건 하에서 가을 야구를 치르는 건 뭔가 불합리해 보였다. 와일드카드 팀에게 불리한 무언가를 위해, 또 흥행을 위해 2012년부터 와일드카드를 두 장으로 늘렸다. 와일드카드가 두 장으로 늘면서 지구 2위뿐 아니라 3위 팀에도 포스트시즌에 나갈 기회의 문이 열렸다. 30팀 중 10팀이 포스트시즌에 진출하는 제도 덕에 시즌 끝까지 포기하지 않고 최선을 다해 야구를 하는 팀이 늘었다. 9월 중순 이후의 메이저리그 경기장 풍경이 변했다. 포스트시즌 가능성이 없는 팀들이 일찌감치 시즌을 포기한 채, 경기장 분위기는 긴장감 없이 느슨한데 시험 삼아 메이저로 올려본 유망주들만 열심히 치고 달리는 분위기가 대폭 줄어들고, 1승이 소중한 팬들이 잔뜩 경기장을 찾아 간절한 마음으로 공 하나에 집중하고 치열한 승부가 펼쳐지는 경기장을 향해 두 손을 모으고 있는 광경이 여러 곳에서 그리고 자주 펼쳐졌다.

▎90승을 하기가 이렇게 어렵답니다

메이저리그에 참가한 30개 모든 팀의 목표는 승리 그리고 우승이다. 우승을 위해선 우선 포스트시즌에 가야한다. 와일드카드도 두 장으로 늘어나 문이 넓어졌다고는 해도, 쉽지는 않은 길이다. 보통 162경기 중 90승 승률 .555면 포스트시즌에 진출할 수 있다고 본다. 와일드카드가 2장으로 늘어난 2012년 이후 2012년 탬파베이 레이스, 2013년 텍사스 레인저스가 90승을 거두고 와일드카드 경기조차 진출하지 못한 사례가 있는데, 불운을 탓할 수밖에.

2016년 시즌 AL 와일드카드 두 장의 주인공이 누구인지는 혼돈의 상태가 오래 지속되었고, 셈법도 복잡했는데 분명한 건 어쨌든 90승을 거두면 포스트시즌에 갈 수 있다는 결론이었다. 잡힐 듯한 90승을 향해 얽히고설킨 보스턴 레드삭스, 토론토 블루제이스, 볼티모어 오리올스의 아메리칸리그 동부 3팀의 혈투는 9월 15일부터 9월 25일까지 11일 동안 11연승을 거둔 보스턴 레드삭스의 승리로 일찌감치 결론을 냈지만, 토론토, 볼티모어는 디트로이트 타이거스, 시애틀 매리너스, 휴스턴 애스트로스까지 5팀이 다시 한 번 와일드카드 2장을 놓고 치열한 접전을 벌여야 했고, 와일드카드 전쟁은 9월 하순이 넘어 10월이 올 때까지 끝날 줄 몰랐다. 1승의 의미가 시즌 초반보다 훨씬 커지자 갑자기 선수들의 몸은 축 처지고, 방망이는 물이라도 먹은 듯 무거운 느낌이었다. 타선은 둘째가라면 서러울 팀인 토론토나 디트로이트 타선이 무기력하게 물러나는 경기가 9월 중순 이후에 부쩍 많아졌다. 너무 간절하니 몸이 말을 안 듣는 걸까? 메이저리그 선수들도 야구하는 로봇은 아니고 중요한 순간엔 떨리고 이리저리 마음이 흔들리는 인간에 불과할 뿐이었다. 90승 바로 앞에서 디트로이트, 시애틀, 휴스턴이 줄줄이 좌절했고, NL의 세인트루이스 카디널스 역시 86승에서 시즌이 끝났다.

AL 와일드카드 레이스의 하이라이트는 9월 28일 볼티모어 오리올스 김현수 선수가 토론토 블루제이스와의 경기에서 9회 초 상대 마무리 투수 오수나를 상대로 터뜨린 대타 역전 2점 홈런이었다. 한국 선수라서 더 놀라운 것도 아니고, 말 그대로 2016년 시즌 볼티모어 오리올스 팀을 구한 홈런이며, 김현수 선수의 연봉 전체 밥값을 다하고도 남는 홈런이었다. 그 순간만 놓고 보면 더 없이 위대한 김현수였다.

팀 혹은 타자 개인의 공격력을 가장 직관적이고 명료하게 나타내는 단 하나의 지표를 꼽으라면 OPS(On-Base Plus Slugging, 출루율+장타율)를 꼽겠다. 30개 팀의 공격력이 어땠는지 OPS 순위로 살펴본다.

2016년 시즌 팀 OPS 순위

팀명	OPS	출루율	장타율	홈런	도루	득점
보스턴 레드삭스	.810	**.348**	**.461**	208	83	**878**
콜로라도 로키스	.794	.336	.457	204	66	845
시카고 컵스	.772	.343	.429	199	66	808
디트로이트 타이거즈	.769	.331	.438	211	58	750
세인트루이스 카디널스	.768	.325	.443	225	35	779
볼티모어 오리올스	.760	.317	.443	**253**	**19**	744
클리블랜드 인디언스	.759	.329	.430	185	134	777
시애틀 매리너스	.756	.326	.430	223	56	768
토론토 블루제이스	.755	.330	.426	221	54	759
텍사스 레인저스	.755	.322	.433	215	99	765
애리조나 다이아몬드백스	.752	.320	.432	190	137	752
워싱턴 내셔널스	.751	.326	.426	203	121	763
미네소타 트윈스	.738	.316	.421	200	91	722
휴스턴 애스트로스	.735	.319	.417	198	102	724
피츠버그 파이어리츠	.734	.332	.402	153	110	729
탬파베이 레이스	.733	.307	.426	216	60	672
뉴욕 메츠	.733	.316	.417	218	42	671
밀워키 브루어스	.729	.322	.407	194	**181**	671
LA 다저스	.728	.319	.409	189	45	725
샌프란시스코	.728	.329	.398	130	79	715
시카고 화이트삭스	.727	.317	.410	168	77	686
LA 에인절스	.726	.322	.405	156	73	717

팀명	OPS	출루율	장타율	홈런	도루	득점
신시내티 레즈	.724	.316	.408	164	139	716
뉴욕 양키스	.720	.314	.405	183	72	680
마이애미 말린스	.716	.322	.394	128	71	655
캔자스시티 로얄스	.712	.312	.400	147	121	675
애틀란타 브레이브스	.705	.321	**.384**	**122**	75	649
오클랜드 애슬레틱스	.699	.304	.395	169	50	653
샌디에이고 파드레스	.689	**.299**	.390	177	125	686
필라델피아 필리스	.685	.301	.385	161	96	**610**

콜로라도 로키스의 홈구장으로 '투수에게 극단적으로 불리한' 쿠어스필드 효과를 제거하고 보면 역시 타선이 매끄럽게 돌아가는 팀이 상위권을 차지하고 많은 승리를 챙겨간다고 하려니, 이건 너무 당연한 말이다. 야구, 결론은 투타 혹은 공수주의 '균형'이 제일 중요하다.

시즌 종료 후에는 균형이나 평균의 문제라는 걸 알지만, 시즌이 한참일 때는 유독 중요한 날, '오늘만 이기면 되는 날'도 분명히 있다. 거꾸로 돌아보면 어제만 이겼으면 달라졌을 것 같은, 미련 가득한 순간과 경기가 있다. 유독 2016년 9월, 와일드카드 두 장을 놓고 벌어진 치열한 경쟁 중엔 그런 날이 많았다. 뜨겁게 달아오른 줄로 알았던 9월 중순 시애틀 매리너스의 휴스턴 애스트로전 2경기 1득점 침묵은 '이제 다 왔다' 싶던 매리너스를 나락으로 떨어트렸다. 디트로이트 타이거스 마무리 프란시스코 로드리게스가 저지른 9월 24일 9회 5실점 불 쇼가 없었다면 포스트시즌 진출 팀은 바뀌었을지 모른다. 그것은 또 월드시리즈 진출 팀과 우승 팀을 다 바꾸었을지도 모르는 이야기다. 금방 될 것 같으면서도 90승을 하기란 정말 어렵다. 그리고 일찌감치 포스트시즌 진출을 확정 지을 수 있었던 토론토 블루제이스가 고지를 코앞에 둔 9월 마지막 3경기에서 특기이자 취미인 홈런포는 물론이고 안타까지 터지지 않으며 삐거덕, 가슴 답답하고 무기력한 패배를 반복할 때, 이것은 마치 소리 없는 아우성 같았다. "니가 가라! 가을야구!"

자랑스러운 코리안 메이저리거

　한국인 메이저리거의 원조는 모두가 알다시피 1994년 1월 LA 다저스에 입단한 박찬호 선수다. 박찬호의 성공에 힘입어 조진호, 김병현, 서재응 등 젊은 유망주 투수들이 미국행 비행기에 오를 수 있었다. 2000년엔 LG 트윈스 출신의 이상훈 투수가 보스턴 레드삭스 소속으로 9경기 마운드에 올라 공을 던졌고, 2002년 9월엔 한국인 최초의 메이저리그 타자 최희섭이 시카고 컵스 유니폼을 입고 타석에 섰다.

　2000년대 후반부터 한국인 메이저리그 선수의 숫자가 줄어들더니 어느 사이 추신수 선수 혼자만이 홀로 빅리그를 지키며 고군분투 활약하고 있었다. 우리 땅에 메이저리그 열기가 식어가나 싶던 2013년, 류현진 투수가 다시 한 번 '국민 팀' LA 다저스에 둥지를 틀며 KBO 직행 메이저리그 1호 선수가 되었고, 2013년 시즌 14승으로 새로운 성공 신화를 쓰기 시작했다. KBO에서 직행한 류현진의 성공은 이어서 피츠버그 파이어리츠 강정호 선수의 계약을 불러왔고 2015년 시즌 강정호 선수 역시 놀라운 성공을 거두자 2016년 시즌 마침내 메이저리그의 문이 활짝 열렸다.

　2016년 시즌을 앞두고 KBO 리그의 박병호, 김현수 선수가 메이저로 직행하는 쾌거를 이뤘고, 일본에서 활약하던 이대호, 오승환 선수까지 빅리그에 합류하면서 코리안 메이저리거의 숫자는 간단히 외울 수 없는 8명에 달했다. 8명의 선수가 활약하고, 생중계가 연일 이어지면서 메이저리그의 인기도 다시 치솟았다. 8명의 선수가 모두 최절정의 컨디션으로 매일 최고의 경기를 펼쳐줬으면 좋겠지만 그것은 지나친 욕심이고, 끝내기 홈런을 친 선수나 멋진 세이브를 기록하는 선수가 있는 것처럼 때로 부진한 선수, 부상으로 신음하는 선수도 있었다. 야구팬들의 하루 기분을 좌지우지했던 8명의 코리안 메이저리거들의 지난 시즌을 간략히 돌아본다.

▍추신수
4번의 부상자 명단, 건강이 최고다

풀타임 메이저리거가 된 후 가장 적은 48경기에 출전했다.

48경기 43안타 27득점 7홈런 17타점 32사구 46삼진 타율 .242 출루율 .357 장타율 .399 OPS .756

시즌 개막 5경기 만에 부상자 명단, 5월 20일 복귀전에서 다시 부상. 6월 13일 복귀했으나 후반기 시작과 동시에 다시 부상, 8월 4일 복귀 후 12경기 후 이번엔 사구에 맞아 손목골절로 시즌 아웃 부상이라고 하였는데….

그런데, 추신수의 2016년 하이라이트!

시즌 아웃 부상이라는 진단을 극복하고 9월 30일 정규 시즌 막판에 전격 복귀! 경기장에 나오기만 하면 하늘이 두 쪽 나도 출루율은 괜찮은 선수로 월드시리즈를 목표로 악착같이 복귀했으나 너무 금세 끝나버려 아쉽던 가을 야구였다.

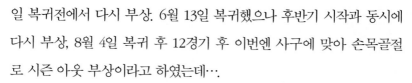

아프지 말자. 나이 들어 아프면 서러움이 장난 아니다.

┃ 류현진
더 길어진 기다림, '정말' 건강이 최고다

어깨 부상으로 2015년 시즌 전체 결장 후, 1년 반 만에 돌아온 7월 7일 복귀전에서 4.2이닝 6실점으로 실망스런 복귀전을 치렀다. 그리고 더 암울하게 다시 부상자 명단에 오르고 말았다.

2015, 2016년 두 시즌 성적 합계 **4.2이닝 8안타 6실점 1피홈런 4삼진 1패 방어율 11.57**

우리가 알던 류현진 투수의 기록이라기엔 참담할 뿐이다. 어쨌든 우선 건강해야 한다. 그래서 경기에 나와야 한다.
"근데 진짜 괜찮나?"

┃ 강정호
메이저리거가 천직인 남자!

강정호 선수 복귀전(2016. 5. 6. 피츠버그 vs 세인트루이스)

부상과 스캔들로 몸과 마음이 편치 않은 와중에 기록한 아시아 내야수 최다 21홈런 신기록! 건강하기만 하면 30홈런이 기대되는 메이저리그 A급 선수다.

2015년 9월 17일의 끔찍한 부상 후, 8개월 만인 2016년 5월 6일 세인트루이스 원정 경기에서 복귀, 복귀전에서 2홈런을 터뜨리며 스타성을 입증했다. 나는 마침 세인트루이스에 있었고, 오승환이나 볼까하고 경기장을 찾았다! 8월 잠시 부상자 명단에 올랐으나 9월 초에 무난히 복귀, 7개 홈런을 추가하며 21홈런 기록했다.

103경기 81안타 21홈런(코리안 메이저리거 최다 홈런) 62타점 45득점 타율 .255 출루율 .354 장타율 .513 OPS .867

2017년 시즌에는 명실 공히 가장 대표적인 코리안 메이저리거다. 부상도 조심, 행동거지도 조심해야한다.

| 박병호
안 맞거나 넘어가거나, 거포라 불리는 사나이

시범경기와 시즌 초반 아주 커다란 홈런으로 빅리그를 놀라게 한 전형적인 거포다. 5월 13일 클리블랜드 전에서 연타석 홈런을 때리던 날, 홈런 5위, OPS .906 기록했다. 이 날의 140미터 비거리만큼 꿈도 웅대해지고 있었는데, 속구에 대한 약점을 투수들이 집중 공략하며 타율과 홈런이 뚝뚝

떨어지고, 삼진만 늘어갔다. 시즌의 절반도 안 된 6월 28일 경기를 끝으로 마이너리그 강등, 부진, 부상으로 시즌을 마감하고 말았다.

62경기 41안타 12홈런 24타점 28득점 26사사구 80삼진 타율 .191 OPS .684

심호흡 한 번 하고, 성장통인가보다 하며, 편하게 마음먹기를….

┃ 김현수
3할이면 되는 건가? 야유를 환호로 바꾼 타격 기계

스프링캠프 시범 경기 부진에 따른 마이너 리그 행을 거부하고 홈 팬들의 야유 속에 시즌 시작했다.

경기에 내보내주면 안타와 출루만큼은 섭섭지 않게 보답하면서 경기 출전을 계속 이어 갔다.

수비 불안과 홈런 위주의 팀 색깔과 맞지 않는다는 문제는 있지만, 김현수는 원래 그런 선수다. 3할만 맞춰주면 되는 거지?

9월 28일 토론토 전, 볼티모어 오리올스를 포스트시즌으로 이끈 9회 대타 역전 투런 홈런을 작렬하며 시즌을 완성했다. 이거면 됐냐?

95경기 92안타(코리안 메이저리그 최다 안타) **6홈런 22타점 36득점 타율 .302 출루율 .382 장타율 .420 OPS .802** (비교: 크리스 데이비스 OPS .792)

2017년 볼티모어 오리올스의 주전 테이블 세터로 활약이 기대되는 선수

| 이대호
What a Big Boy! 한국, 일본 다음은 미국 정복이다

KBO 7관왕, NPB 재팬시리즈 MVP임에도 마이너리그 계약으로 빅리그에 도전장을 던졌다. 스프링캠프 활약으로 아담 린드와 1루수 플래툰 선수로 무난히 메이저리그 입성했다.

개막 얼마 후인 4월 13일 텍사스 전 연장 10회 말 끝내기 홈런을 터뜨리며 인지도를 급격히 끌어올렸으나 다음 경기는 선발 투수가 우완이라 결장하는 등 시애틀 매리너스의 신인 서비스 감독은 이대호가 한창 좋을 때도, 우 투수 경기에 이대호를 기용할 권한이 없었던 것처럼 보일 정도로 철저하게 플래툰으로 기용했으며, 이에 따라 뚝뚝 끊기는 느낌이 여러 번 있었다.

104경기(코리안 메이저리거 최다 출전) 74안타 14홈런 49타점 33득점 타율 .253 출루율 .312 장타율 .428 OPS .740

2017년 시즌에 고향 팀, 롯데 자이언츠로 복귀!

| 오승환
걱정스런 시선 모두 거두게. 내가 '끝판왕'이라네

불미스러운 사건, 걱정 어린 시선 따위는 그의 표정을 변화시키지 못한다. 소녀시대 멤버와 연애를 할 때나 안 할 때나 그의 표정과 구위는 항상 그대로다. 로젠탈이 좋을 때는 홀드를 하고, 로젠탈이 안 좋으면 세이브를 한다.

76경기 79.2이닝 6승 3패 방어율 1.92 19세이브 14홀드 WHIP 0.92 20실점 17자책점 103K 18BB 5피홈런 피안타율 .190

거의 모든 지표에서 최상급 불펜 투수임을 증명했다. 2017년 시즌에도 명문팀 카디널스의 마무리를 맡을 예정이다.

한국의 '끝판왕', 미국에서 'Final Boss'로 완벽 변신!

| 최지만
저도 이제 빅리거랍니다

룰5 드래프트로 볼티모어 오리올스 마이너리거에서 LA 에인절스 메이저리거로 신분 상승!

룰5 드래프티들의 관문인 스프링캠프를 잘 통과해 풀타임 메이저리거로 정착했다. 2016년 시즌의 기록은 아직 초라하지만, 코리안 메이저리거 막내로 내일이 기대되는 선수다.

1990년생 막내로 아직 기회는 많다.

54경기 19안타 5홈런 12타점 타율 .170 출루율 .271 장타율 .339

메이저리그 트렌드에 맞는 출루와 장타 중심의 선수로 성장 가능성이 있다. 용기와 패기 잃지 말고 하루하루 발전하는 더 좋은 선수가 되기를….

2017년 시즌을 앞두고 뉴욕 양키스로 이적

| 그리고 한국인 마이너리거들

• **문찬종**(휴스턴 내야수 AAA): AAA에서 3할 타율 기록. 다음 코리안 메이저리거로 유력

- **박효준**(뉴욕 양키스 내야수 AA): 뉴욕 양키스 유망주 21위. 꾸준히 성장 중
- **윤정현**(오클랜드 투수 A): 17.1 이닝 1승 2패 방어율 6.75. 관심과 응원이 필요
- **권광민**(볼티모어 외야수 루키): 1997년생 아직 10대. 씩씩하게 자라다오!
- **이학주**(샌프란시스코 내야수 AAA): 끝내 메이저리그 무대에 오르지 못하고 계약 해지

2016

MAJOR LEAGUE

BASEBALL

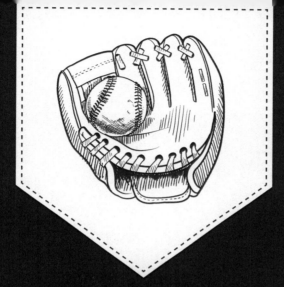

結

2016년 메이저리그, 기승전 그리고 시카고 컵스

10월의 야구가 묻는다. 에이스가 누구니?

세인트루이스 카디널스 팀 박물관

2016년 10월 2일, 장장 6개월, 팀당 162경기의 우여곡절 많고 다사다난했던 2016년 메이저리그 정규시즌이 드디어 막을 내렸다. 마지막까지 포스트시즌에 대한 의지를 불태운 디트로이트 타이거스, 시애틀 매리너스, 세인트루이스 카디널스가 바라던 해피엔딩 드라마는 끝내 이루어지지 않았고, AL 보스턴 레드삭스, 클리블랜드 인디언스, 텍사스 레인저스, NL 워싱턴 내셔널스, 시카고 컵스, LA 다저스가 각 지구 우승팀 자격으로 포스트시즌에 진출했다. 와일드카드 두 장은 AL은 동부지구 두 팀, 토론토 블루제이스와 볼티모어 오리올스가 가져갔고, NL에서는 동부지구 뉴욕 메츠와 서부지구 샌프란시스코 자이언츠가 와일드카드를 차지했다. 30팀 중 10팀이 포스트시즌에 올라 단판 승부인 와일드카드 경기부터 5전 3선승제 디비전시리즈, 7전 4선승제 리그 챔피언십시리즈, 7전 4선승제 월드시리즈까지 약 한 달간 최종 우승을 놓고 다툰다. 포스트시즌의 우여곡절과 다사다난함은 정규시즌의 그것과는 비교하기 힘들 정도다. 비슷한 듯 다르면서 결국 이길 팀이 이겼던, 알쏭달쏭하며 복잡한 2016년 메이저리그 가을 야구 여정을 따라가 보자.

▌와일드카드 게임

AL 토론토 블루제이스 5-2 볼티모어 오리올스(연장 11회)
NL 샌프란시스코 자이언츠 3-0 뉴욕 메츠

포스트시즌이 시작됐음을 알리기에 최적인, 긴장감 최고의 '단판 승부' 와일드카드 경기는 와일드카드를 노리는 팀에게 "에이스가 누구냐?"고 묻는다.

아메리칸리그 와일드카드 경기에서 토론토 블루제이스는 마커스 스트로맨을, 볼티모어는 크리스 틸먼을 각각 내세웠다. 토론토는 에이스 J. A. 햅이 와일드카드 진출을 위해 불과 3일전에 등판했기 때문에 어쩔 수 없는 선택이었고, 선발 투수진이 탄탄하지 못한 볼티모어는 틸먼 말고 딱히 단판 승부에 믿고 내보낼 투수도 없었다.

내셔널리그 와일드카드 경기는 단판 승부답게 샌프란시스코 자이언츠의 'Mr. October' 매디슨 범가너 대 뉴욕 메츠 '천둥의 신 토르' 노아 신더가드, 흥미진진한 젊은 에이스 대결로 펼쳐졌다. 그랬다. 바로 이런 매치 업을 보려고 와일드카드 경기를 만들었던 거다. 그래, 바로 이 경기다.

정규시즌과 포스트시즌 경기가 다른 것은 우선 투수들의 표정과 자세에서 나타난다. 정규시즌 경기와는 확연히 다른 집중력으로 무장하고 타자를 상대하며 공 한 개를 무척 신중하게 던진다.

잔인하기 짝이 없는 단판승부인 와일드카드 경기는 두 번째 질문도 던졌다. '결정적 한 방'을 날릴 선수는 누구니?

볼티모어 오리올스가 우리에겐 2016년 메이저리그 홈런왕 마크 트럼보가 있다고 대답하자 토론토 블루제이스는 우리에겐 강력한 듀오 호세 바티스타, 에드윈 엔카나시온이 있다며 화답했다. AL 와일드카드 경기는 바티스타의 선제 홈런, 트럼보의 역전 2점 홈런 그리고 2-2로 돌입한 연장 11회 엔카나시온의 쾅! 끝내기 3점 홈런으로 끝났다. 포스트시즌의 긴장감을 팽팽하게 유지한 볼티모어 불펜 브래드 브락, 대런 오데이의 호투와 토론토 불펜 제이슨 그릴리, 로베르토 오수나의 투혼이 있었지만, 연장 끝내기 홈런의 주인공 엔카나시온의 한 방과 좋아서 미쳐 날뛰는 지경에 이른 토론토 팬들의 함성 속에 묻혀버렸다.

그건 그렇고 경기가 연장 11회까지 이어지는데 완전체 불펜 잭 브리튼이 나오지 않았다! 볼티모어 오리올스가 먼저 득점해 리드하는 '세이브 상황'에 잭 브리튼을 등판시키려던 벅 쇼월터 감독의 계획은 볼티모어가 먼저 득점을 올리지 못하면서 어긋나버렸다. 2016년 메이저리그 투수 중에서 가장 믿을 투수인 잭 브리튼이 포스트시즌 경기에 나오지도 못하고, 시즌 내내 속을 시커멓게 태우던 '우발놈' 우발도 히메네스가 아웃 카운트 하나 못 잡고 간단하게 허용한 끝내기 3점 홈런 한 방에 볼티모어가 패하며 김현수와 그의 팀 볼티모어 오리올스의 시즌이 그렇게 끝나버렸다.

'불펜 에이스'를 써보지도 못한 AL 와일드카드 경기에서 교훈을 얻은 다른 팀 감독들은 그 후 포스트시즌 경기에서 각 팀의 불펜 에이스들, 시카고 컵스 아롤디스 채프먼, 클리블랜드 인디언스 앤드류 밀러, LA 다저스 켄리 잰센 등을 아낌없이 사용했다. 9회 1이닝 마무리인 LA 다저스 켄리 잰센은 7회에, 시카고 컵스 아롤디스 채프먼은 8회에 마운드를 오르는 일이 생겼고, 7, 8회에 등판하던 클리블랜드 앤드류 밀러는 월드시리즈에서 5회에 등판하기도 했다. 아끼지 말고 이길 수 있는 기회가 왔을 때 확실하게 승리를 다지는 야구가 2016년 가을 야구의 트렌드였다.

NL 와일드카드 경기는 가을이 되고 찬바람이 불면 천하무적이 되는 샌프란시스코 자이언츠 에이스 투수 매디슨 범가너가 '늘 그렇듯' 완봉승을 거뒀다. 놀랄 것도 없지 않은가라고 할 수 있지만, 포스트시즌에 거두는 완봉은 볼 때마다 감동적이다. 범가너의 상대인 뉴욕 메츠의 24세 에이스 노아 신더가드의 피칭 역시 눈부셨다. 7이닝 2안타 10K 무실점. 가장 빠른 공을 던지는 선발 투수답게 100마일에 이르는 공들로 샌프란시스코 자이언츠 타선에 무차별 폭격을 퍼부었다. 에이스들의 무실점 행진 속에 뉴욕 메츠 마무리 투수 쥬리스 파밀리아가 마운드에 오른 9회에서야 득점이 나왔다. 주전 에두아르도 누네스의 부상으로 인해 가을 야구에 선발로 나섰던, 하지만 아무도 주목하지 않던 무명 백업 3루수 코너 길라스피, (누구?) 길라스피가 결승 3점 홈런을 뉴욕 메츠의 홈구장 시티 필드 외야 관중석에 꽂았다. 허탈함 그리고 할 말을 잃은 뉴욕 팬들의 정적이 경기장 안에 무겁게 깔렸다. 아직 힘이 남아있는 매디슨 범가너는 9회 말에도 마운드에 올라 포스트시즌 통산 세 번째 완봉승을 완성하고 팀을 디비전시리즈에 올렸다.

매디슨 범가너와 절대 박멸되지 않는 '바퀴벌레' 샌프란시스코 자이언츠가 만든 내셔널리그 와일드카드 게임은 가을 야구가 던진 두 가지 질문 '에이스'와 '한 방'이란 질문에 완벽한 모범답안이었다.

두근두근 찌릿찌릿 콩닥콩닥 울렁울렁 꼴깍…

어떠냐? 이것이 바로 가을야구다. 하지만 이제 시작일 뿐이다. 안전벨트 단단히 조여 매시길 바란다.

▌몹시 간단하거나 대단히 복잡하거나, 디비전시리즈

자고로 포스트시즌 경기는 정규시즌 기록과는 무관한 '예측불허'와 전력 차이 '그까이 거 뭐 아무것도 아닌' 접전이 재미의 핵심 요소다. 둘 중 하나만 삐끗하면 야구 보는 재미가 반감하기 마련이라 믿어왔는데, 2016년 디비전시리즈를 보니 둘 중 하나만 작동해도 포스트시즌 야구는 무척 흥미진진하다는 것을 입증했다.

▌ALDS[American League Division Series, 아메리칸리그 디비전시리즈]

• 텍사스 레인저스 대 토론토 블루제이스

[3승 무패 토론토 블루제이스 승]
토론토 10-1 텍사스
토론토 5-3 텍사스
토론토 7-6 텍사스 (연장 10회)

적어도 몇 차례 빈볼이 오고가고, 못해도 두어 차례의 벤치 클리어링이 예상되었던 시리즈였다. 2015년 디비전시리즈를 통해 앙금을 쌓았고(2015년 디비전시리즈 텍사스 2연승 후 토론토 3연승 그리고 호세 바티스타의 인상적인 배트 플립이 나왔다), 정규시즌 맞대결 중에는 호세 바티스타를 호되게 때려 준 주먹다짐도 있었다. 외나무다리에서 만난 원수였다. 진다는 생각 따위는 해 본적 없는, 돌아갈 길, 퇴로를 불사르고 온 결사항전의 시리즈였는데, 정말 그런 시리즈였는데….

명실상부 2016년 시즌 아메리칸리그 최강자이자 월드시리즈 포함 모든 시리즈에서 홈 어드밴티지를 가진 가장 유리한 상황에서 포스트시즌을 시작한 텍사스 레인저스 선발 원투펀치인 콜 해멀스와 다르빗슈가 시작과 동시에 그대로 와르르 무너졌다.

AL 승률 1위를 차지했고 정규시즌 최다 역전승을 기록한 끈끈한 팀 컬러의 텍사스 레인저스가 1961년 창단 후 56년 만에 첫 월드시리즈 우승에 씩씩하게 도전장을 내밀었지만, 월드시리즈는 고사하고 디비전시리즈도 넘지 못하고 처참히 무너졌다. 1차전 에이스 콜 해멀스가 홈씬 두들겨 맞고 3.1이닝 7실점 패전을 남겼고, 그 충격이 가시기 전인 2차전 선발 다르빗슈마저 5이닝에 홈런 4개를 얻어맞고 5실점, 시리즈의 분위기를 토론토 쪽으로 완전히 돌려놓고 말았다. 두 경기 동안 텍사스 홈구장에 블루제이스가 여섯 개 홈런포를 퍼붓고 토론토로 떠나간 시리즈는 다시 텍사스로 돌아오지 못한 채 토론토에서 끝을 맺었다.

토론토 선발 마르코 에스트라다가 완봉승에 가까운 8.1이닝 1실점 호투(그나마 추신수의 타점이 있었다)를 했다든가, 에드윈 엔카나시온은 2, 3차전에서 연속 경기 홈런(와일드카드, 디비전시리즈 총 4경기 3홈런 7타점)을 쳤고, 한국 팬들에겐 아쉽게도 추신수 선수에게 충분한 출전 기회조차 주어지지 않았다는 소식들이 해멀스와 다르빗슈의 부진에 전부 자취를 감췄다. 1년 전 텍사스 레인저스에 굴욕을 안겼던 '빠던'의 주인공 호세 바티스타의 안면에 정규 시즌 맞대결 경기에서 강편치를 날렸던 텍사스 레인저스 2루수 러그니드 오도어의 연장 10회 끝내기 실책으로 토론토 블루제이스의 3승 무패 완승으로 시리즈가 끝난 것은 비폭력의 가치를 설파하는 효과까지 있었다. 남 때리고 그러지 마라.

- **클리블랜드 인디언스 대 보스턴 레드삭스**

  [3승 무패 클리블랜드 인디언스 승]

  클리블랜드 5-4 보스턴

  클리블랜드 6-0 보스턴

  클리블랜드 4-3 보스턴

정규시즌 막판의 보스턴 레드삭스는 심상치 않았다. 시즌 초반에 비해 팀이 훨씬 단단해진 느낌이었고, 공격력이 활활 타오르는 느낌이었다. 제법 많은 전문가들이 보스턴 레드삭스의 월드시리즈 진출을 예상했다. 그리고 언제나 그렇듯 야구는 전문가를 민망하게 만들었다.

보스턴 레드삭스 무키 베츠

1차전 선발 투수로 보스턴은 2016년 AL 사이영상 수상자 릭 포셀로를 자신 있게 마운드에 올렸고 클리블랜드는 다른 투수들의 부상으로 인해 팀 내 4선발에 불과한 불안한 트레버 바우어가 울며 겨자 먹기로 나왔다. 불균형한 선발 대결이었지만, 역시 홈런! 2016년 메이저리그는 홈런의 시즌이었다. 1회부터 비디오 판독을 주고받으며 어리둥절하게 진행되던 경기는 3회 클리블랜드가 포수 로베르토 페레즈를 시작으로 제이슨 킵니스, 프란시스코 린도어까지 세 명의 타자가 릭 포셀로에게 굴욕의 1이닝 3피홈런을 안기며 경기를 일찌감치 인디언스의 분위기로 만들었다. 그리고 5회에 2016년 포스트시즌의 사나이 구원 투수 앤드류 밀러가 나와 2이닝을 무실점으로 틀어막으며 보스턴 레드삭스 덕아웃에 열 바가지는 돼 보이는 찬물을 확 끼얹어 버렸다. 고요…

　이어진 2차전, 명실상부한 에이스 보스턴의 데이비드 프라이스와 클리블랜드 코리 클루버의 맞대결이 흥미를 끌었다. 2012년에 사이영상도 받았고 연봉이 3천만 달러짜리 선수도 되었지만 가을만 되면 작아지는 데이비드 프라이스가 가을 징크스를 탈출할 것인지, 2014년 사이영상을 받았지만 포스트시즌은 처음인 클루버의 포스트시즌 첫 등판은 어떨지에 관심이 쏠렸다. 결과는 코리 클루버의 7이닝 3안타 무실점 호투, 프라이스는 3.1이닝 6안타 5실점 대망신이었다. 데이비드 프라이스와 보스턴 레드삭스의 완패였다. 이 경기를 마친 후 데이비드 프라이스의 포스트시즌 통산 성적은 2승 8패 1세이브 방어율 5.54로 더 나빠졌고, 보스턴 레드삭스는 2패로 벼랑 끝에 몰렸다.

　보스턴으로 옮겨서 치를 예정인 3차전을 앞두고 비가 내렸다. 경기가 하루 연기되고 보스턴 레드삭스 선수단이 전열을 재정비할 기회를 얻은 것 같았지만, 이미 시리즈 분위기는 클리블랜드로 넘어갔고, 비는 보스턴의 전설 중 한명이 될 데이비드 오티스의 마지막 경기를 하루 뒤로 미뤘을 뿐이었다.

강력하진 않으나 고른 홈런포(팀 홈런 185개, 30팀 중 18위, 10개 이상 홈런 타자 7명)로 준비된 팀이란 것을 증명한 클리블랜드 인디언스의 2016년 10월은 뜨거웠다. 1차전 릭 포셀로를 홈런 3개로 두들긴데 이어, 2차전에선 로니 치즌홀이 3점 홈런으로 프라이스를 무너뜨렸고, 3차전에서는 시즌 막판이 되어서야 포스트시즌용으로 트레이드 한 코코 크리습이 의외의 홈런포를 가동하며 보스턴의 2016년 시즌을 끝냈다. 팀 내 홈런 공동 1위 카를로스 산타나와 마이크 나폴리의 홈런 없이도 홈런 5개를 쏟아내며 강팀 보스턴을 쉽고 간단하게 격파했다. 이거 뭐 별거 아니군.

클리블랜드 마운드의 불펜 듀오 앤드류 밀러와 코디 앨런은 부족한 클리블랜드 선발 투수진을 충분히 메웠다. 이기는 경기, 이기고 있지 않더라도 이길 수 있다는 생각이 드는 접전 상황이면 언제든 등판해 둘이 합쳐 3이닝 정도는 너끈하게 무결점으로 틀어막을 준비가 되어 있었다. 1차전 바우어 선발 경기에서 아웃카운트 11개(3.2이닝), 조쉬 톰린이 선발로 출전한 3차전에선 아웃카운트 10개(3.1이닝)를 합작하며 부상으로 이탈한 2선발 카를로스 카라스코, 3선발 대니 살라자르의 공백을 잊게 했다.

언더독 클리블랜드를 맞아 1차전 1회 초 득점을 했던 때를 제외하면 무키 베츠, 데이비드 오티스, 핸리 라미레스의 중심 타선이 딱히 뜨거운 순간을 만들어내지도 못해보고 세 경기 내내 끌려가며 무기력한 패배를 당한 보스턴은 선발 투수들과 타선의 무기력감, 진득한 부진 속에 우에하라에서 크렉 킴브럴 마무리 투수로 이어지는 불펜 카드를 가동조차 못해보고 집으로 갔다. 진짜로 잘 가라, 데이비드 오티스!

┃ NLDS[National League Division Series, 내셔널리그 디비전시리즈]

• 시카고 컵스 대 샌프란시스코 자이언츠

[3승 1패 시카고 컵스 승]

시카고 컵스 1-0 샌프란시스코

시카고 컵스 5-2 샌프란시스코

샌프란시스코 6-5 시카고 컵스 (연장 13회)

시카고 컵스 6-5 샌프란시스코

와일드카드에서 힘겹게 뉴욕 메츠를 누르고 올라온 샌프란시스코 자이언츠 앞에 거대한 벽이 버티고 있었다. 바로 103승의 천하무적 시카고 컵스다. 와일드카드를 거쳐 오느라 1차전에 매디슨 범가너를 내보낼 수 없는 자이언츠에게 무척 힘든 시리즈가 예상되었지만, 샌프란시스코 자이언츠는 2015년 캔자스시티 로얄스 우승의 주역이었던 쟈니 쿠에토가 있었고 몇 번의 기회가 있었다. 첫 번째 기회, 1차전 선발 투수로 나선 샌프란시스코 선발 쟈니 쿠에토는 시카고 컵스 선발 존 레스터에게 전혀 밀리지 않는 팽팽한 투수전 양상으로 경기를 끌고 갔다. 8회 말 시카고 컵스 2루수 하비에르 바에즈의 홈런 한 방에 팽팽하던 긴장이 툭 끊어지며 1-0 명승부가 시카고 컵스의 선제 승리로 끝났다. 아쉬운 패배 후 2차전, 샌프란시스코 제프 사마자가 일찌감치 투수 카일 헨드릭스, 중심 타자 크리스 브라이언트에 적시타를 허용하며 실점을 허용했으나, 시카고 컵스 선발 투수 카일 헨드릭스 역시 부상으로

4회를 마치지 못하고 일찍 교체되었다. 샌프란시스코에 두 번째 기회가 왔다. 그런데 땜빵으로 급히 마운드에 오른 시카고 컵스 좌완투수 트레비스 우드가 4회 말 타석에서 불의의 한 방! 홈런을 치며 샌프란시스코 덕아웃에 차가운 침묵을 선사했다. 회복이 힘든 충격이었고, 불펜의 호투 속에 그대로 경기가 끝났다. 간단히 2승!

2패로 벼랑 끝에 몰린 짝수해의 샌프란시스코 자이언츠는 3차전에서 드디어 매디슨 범가너가 등판하는 세 번째 기회를 잡았다. 하지만 자이언츠의 마지막 희망 매디슨 범가너는 2회에 역시 투수 제이크 아리에타에게 3점 홈런을 허용하며 "짝수 해 신화고 뭐고 다 끝이로구나." 하며 덕아웃 분위기는 지하 500미터 천연 암반수보다 더 깊이 내려가 버렸다. 하지만 샌프란시스코에는 2016년 가을에 팀을 지키는 코너 길라스피가 있었다. 코너 길라스피는 8회 100마일을 훌쩍 넘는 공을 던지는 시카고 컵스 불꽃 마무리 아롤디스 채프먼을 상대로 역전 3루타를 터뜨렸다. 역전에 성공했다! 하지만 누가 나와도 불안한 샌프란시스코 불펜에서 마무리랍시고 나온 서지오 로모는 9회 초 2016년 시즌 MVP인 크리스 브라이언트에게 동점 홈런을 허용하며 승부를 다시 연장으로 넘겼다. 13회 조 패닉의 극적인 결승타로 기어이 세 번째 기회를 살리고 1승을 거둔 샌프란시스코였지만 시리즈 전체의 물길을 돌려 역스윕을 시도하기엔 샌프란시스코 불펜은 너무 불안했다. 4차전에서 잡은 또 한 번의 기회, 시카고 컵스에서 그나마 제일 약한 선발투수인 존 래키를 두들기며 8회까지 무려 3점이나 앞섰지만 9회 샌프란시스코 자이언츠 불펜진은 그 리드를 지키지 못하고 허탈하게 무너졌다. 샌프란시스코 자이언츠의 명장 브루스 보치 감독이 바꾼 투수

마다 나와서 예외 없이 안타를 허용하며 속절없이 시카고 컵스 주자들의 홈 질주를 지켜봐야했고, 결국 9회 4실점으로 역전패하며 5차전까지 시리즈를 끌고 가는데 실패했다. 삼킬 수 없는 씁쓸함이 찾아왔다. 아쉬운 입맛만 다시며 돌아섰다. 아, 기회는 있었는데… 아쉽다.

2010년, 2012년, 2014년에 이어 4회 연속 짝수 해 우승의 꿈을 향해 달린 샌프란시스코 자이언츠의 꿈은 "불펜부터 보강해라"는 외마디 비명과 함께 하얀 파도처럼 부서졌다. 샌프란시스코의 2016년은 끝났다.

• 워싱턴 내셔널스 대 LA 다저스
[3승 2패 LA 다저스 승]
LA 다저스 4-3 워싱턴
워싱턴 5-2 LA 다저스
워싱턴 8-3 LA 다저스
LA 다저스 6-5 워싱턴
LA 다저스 4-3 워싱턴

모두 일방적인 스윕으로 끝난 AL 디비전시리즈, 4차전까지 간 시카고 컵스와 샌프란시스코 자이언츠 시리즈와 달리 4개 디비전시리즈 중 유일하게 최종전까지 간 시리즈였다. 워싱턴의 주축 선수들, 선발투수 스티븐 스트라스버그와 주전 포수 윌슨 라모스는 부상으로 출전 불가였고, 정규 시즌 초반에 일찌감치 컨디션이 흔들린 중심타자 브라이스 하퍼와 시즌 막판 부상으로 경기 출전이 불투명했던 다니엘 머피는 여전히 컨디션이 좋지 못했으나 워싱턴 내셔널스 팀 전력이 탄탄해 예측하기 힘든 시리즈였다.

명품 투수전으로 예상된 LA 다저스 클레이튼 커쇼와 워싱턴 맥스 슈어저 두 명의 슈퍼 에이스[둘이 합해 사이영상만 다섯 개. 클레이튼 커쇼 2011,

2013, 2014(모두 NL), 맥스 슈어저 2013(AL), 2016(NL)]가 출전한 1차전 시작부터 예상은 그저 예상일뿐임이 밝혀졌다. NL 신인왕 코리 시거는 2016년 포스트시즌 첫 경기 첫 타석(코리 시거는 2015년 포스트시즌 경험이 있다. 2차전 에서도 첫 타석에 홈런을 쳤다)부터 사이영상 수상자 맥스 슈어저를 상대로 홈런포를 뽑아냈고, '이 시대의 에이스' 클레이튼 커쇼도 불과 5이닝 만 에 3실점하며 LA 다저스 팬들 사이에 불안감을 급속하게 퍼뜨렸다. 10 월의 커쇼는 아무래도 불안하다. 큰일이다. 맥스 슈어저와 클레이튼 커쇼가 시리즈를 어수선하게 만들어 놓은 틈을 타고 LA 다저스 저스 틴 터너와 워싱턴 내셔널스 다니엘 머피, 그렇다. 바로 1년 전 뉴욕 메 츠 유니폼을 입고 디비전시리즈에서 클레이튼 커쇼와 LA 다저스에 홈 런을 퍼붓고 월드시리즈까지 단숨에 내달렸던 다니엘 머피, 그 머피가 안타와 타점을 꼬박꼬박 챙기며 상대를 괴롭혔고, 예상보다 점수가 많 이 나는 시리즈 분위기가 만들어졌다.

다니엘 머피 5경기 7안타 6타점 타율 .438 OPS .983, LA 다저스 저스 틴 터너 5경기 6안타 1홈런 5타점 타율 .400 OPS 1.324의 기록에서 나 타나있는 것처럼 두 선수가 선봉에 서서, 상대팀의 에이스가 등판하거 나 말거나 시리즈를 득점 공방이 계속 이어지는 혼돈으로 몰고 갔다. 워싱턴 내셔널스가 2승 1패로 앞섰고, LA 다저스 팬들은 견디기 힘들 만큼 불안했다.

시리즈가 어찌됐건, 상대가 누가 나오든 LA 다저스가 믿을 투수는 클레이튼 커쇼였고, 1승 2패로 몰린 LA 다저스 4차전 선발은 도리 없 이 또 다시 클레이튼 커쇼였다. 하지만 가을이 영 마뜩찮은 커쇼는 철 천지원수 다니엘 머피에게만 4타점을 허용하며 7회를 마치지도 못하고 다시 5실점(2경기 방어율 6.17)의 슬픈 기억만 남기고 마운드를 내려왔다. 하지만 투수들이 불안하기는 워싱턴도 별 다를 것이 없었고, 8회 말 체이스 어틀리의 결승타로 시리즈는 최종전으로 향할 수 있었다. 5차전이 되어서야 시리즈 첫 선발 투수의 호투가 나왔다. 워싱턴 내셔널스의 맥스 슈어저가 사이영상 수상자답게 6이닝 무실점 7K 호투로 체면치레를 했으나, 아뿔싸 7회 초 시작과 동시에 다저스 작 피더슨에게 동점 홈런을 허용하고 마운드를 내려갔고, 뒤이어 올라온 불펜 투수들은 또 이유를 알 수 없는 부진에 빠지며 실점을 계속하여 1-4, 3점차를 LA 다저스에 허용했다.

시리즈 최종전이 주는 긴장과 떨림은 역시 가을야구의 진수였다. 사실 그 전에도 많은 주루 미스, 그림 같은 호수비, 엉뚱한 수비 실책, 조마조마한 비디오 판독 등 헤아릴 수조차 없는 많은 예상외의 일들이 벌어졌지만 워싱턴의 크리스 하이시가 7회 말에 1점차로 쫓아가는 투런 홈런을 날릴 줄이야!

부랴부랴 황급해진 LA 다저스는 켄리 잰센을 마운드에 올렸고, 9회가 되어보니 잰센은 1이닝을 더 감당하기에 이미 너무 많은 공을 던졌다. (커쇼야 우짜겠노? 니가 막아줘야겠다) 이틀 전 110구를 던졌던 클레이튼 커쇼는 아웃카운트 2개를 잡기 위해 다시 마운드에 올랐고, 생각보다 멀쩡하게, 그리고 오랜만에 커쇼답게 무사히 세이브를 올렸다. 천신만고 끝에 얻은 시리즈 승리였다.

워싱턴 내셔널스의 명장(?) 더스티 베이커 감독은 포스트시즌 엘리미네이션 게임(elimination game, 지면 탈락하는 경기) 9연패에 빠졌다. 7, 8회에 던질 불펜이 부족했다. 맥스 슈어저가 홈런을 안 맞았으면 됐다. 타선이 뭐 이러냐 말들이 많을 수 있지만, 경기 및 시리즈 결과에 대하여는 그냥 감독 탓을 하면 된다. 이 모든 것은 더스티 베이커 때문이다. 월드시리즈에 도전하고 싶었던 워싱턴 내셔널스의 2016년은 끝났다.

염소와 추장, 월드시리즈에서 만나다

30개 팀이 출발한 2016년 시즌은 이제 네 팀만 남았다. 그리고 남은 것은 챔피언십시리즈와 월드시리즈 두 개 뿐이다. 7전 4선승제 챔피언십시리즈를 이기면 아메리칸리그와 내셔널리그 2016년 챔피언이된다. 시리즈의 무게가 5전 3선승의 디비전시리즈와 확실히 달라졌다. 선수들도 지쳐가지만 의식은 또렷해진다. 이기고 싶다. 지기 싫다. 정말 미치도록 이기고 싶다. 하지만 이기고 싶다는 의지만으로 이길 수는 없다. 실력도 필요하고 행운도 도와줘야 하며 때로는 상대방의 실수도 필요하다.

┃ ALCS 아메리칸리그 챔피언십시리즈

• 클리블랜드 인디언스 대 토론토 블루제이스

　　[4승 1패 클리블랜드 승]
　　클리블랜드 2-0 토론토
　　클리블랜드 2-1 토론토
　　클리블랜드 4-2 토론토
　　토론토 5-1 클리블랜드
　　클리블랜드 3-0 토론토
　　MVP 앤드류 밀러(투수, 클리블랜드)

클리블랜드 인디언스에게 2016년 10월은 특별했다. 야구가 술술 풀렸다. 원하는 대로 바라는 대로 모든 일이 다 이루어졌다. 꿈같고 포근한 구름 위에 올라있는 느낌의 달콤한 10월이었다. 강팀 보스턴 레드삭스를 어린아이 손목 비틀 듯 가볍게 3연승으로 물리치고 온 우리에게 지구 순위에서 레드삭스보다 아래였던 토론토 블루제이스 따위야 어렵지 않을 거다. 왜 이러시나? 정규시즌 리그 1위 텍사스 레인저스를 스윕하고 올라온 토론토 블루제이스다(안 들린다. 아, 아, 무슨 소린지 안 들린다). 우리가 간절히 원하는 것이 무엇이다 하는 것에 마음을 모으고 바라면 우주가 기운을 모아서 도와준다는데, 하여간 클리블랜드 인디언스 만세다. 만세! 만세! 만세!

4승 1패의 경기 결과도 그렇지만 토론토 블루제이스가 패한 4경기 총 득점이 3점에 불과한 것에서 나타난 대로 일방적인 클리블랜드의 분위기 속에 치러진 AL 챔피언십시리즈였다. 정규시즌에서 홈런 20개를 넘긴 선수가 6명이나 되는(클리블랜드 3명) 화끈한 홈런 군단 토론토 블루제이스였건만, 어찌된 일이었을까? 2016년 10월 클리블랜드 인디언스 투수진 앞에선 추풍낙엽처럼 기운 빠진 모습이었다. 클리블랜드 인디언스 1차전 선발로 나선 코리 클루버가 6.1이닝 무실점, 2차전 선발 조시 톰린은 5.2이닝 1실점 호투로 승리의 밑바탕이 되었다. 그리고 선발 투수들이 던지고 남은 이닝의 대부분은 MVP 앤드류 밀러와 마무리 투수 코디 앨런이 책임졌다. 1차전에서 클루버가 던지지 않은 2.2이닝 전부, 2차전에서는 아웃카운트 하나를 제외한 3이닝을 밀러와 앨런이 나누어 던졌다. 두 선수는 클리블랜드가 이긴 4경기에 모두 나왔고, ALCS에서 코디 앨런은 3세이브 1홀드 4.2이닝 7K 1안타 무실점, 앤드류 밀러 3홀드 1세이브 7.2이닝 14K 3안타 무실점을 남겼다. 토론토 타자들에게는 결코 넘을 수 없는, 그 앞에 앉아 우는 거 말고는 할 것도 없는 '통곡의 벽'이다.

2015년에 등장한 거물 신인 유격수 프란시스코 린도어는 클리블랜드 인디언스의 향후 10년 이상을 책임질 '미래'라 불렸다. 미래는 불과 1년 만에 '현재'가 되었다. 2016년 22살에 불과한 프란시스코 린도어는 올스타전에 나갔고 첫 번째 골드글러브(앞으로 한참 더 받을 예정)도 수상했으며 팀을 월드시리즈로 이끄는 일등공신의 역할까지 완벽히 해냈다. 20살 마이너리그 시절부터 이미 완성형이라는 소리를 들었던 수비는 말할 것도 없고, 타석에서도 중심에 서서 팀을 이끌었다. 챔피언십시리즈 1차전에서 호투하던 토론토 블루제이스 선발 투수 마르코 에스트라다에게 이 경기의 유일한 득점이자 결승점이 된 2점 홈런을 터뜨리며 시리즈 기선 제압에 성공했고, 이어진 2차전 1-1 동점 상황에서 20승 투수 J. A. 햅을 상대로 깨끗한 안타를 뽑아내 2-1로 앞서는 결승 타점을 작렬했다. 린도어의 활약 속에 2승 무패 클리블랜드의 우세, 얼어붙은 토론토 블루제이스는 2경기 1득점. 린도어가 외치는 것 같았다. 우리가, 클리블랜드 인디언스가 월드시리즈로 간다!

야구 열기가 뜨겁기로는 어느 구단에도 뒤지지 않는 토론토로 옮겨서 계속된 아메리칸리그 챔피언십시리즈에서 토론토 블루제이스에게 기회가 왔다. 클리블랜드 인디언스는 3차전 선발 투수로 드론에 손가락을 다친 트레버 바우어를 내보내기로 했다. 손가락 부상은 회복되었고 괜찮을 줄 알았다. 하지만 웬걸, 경기 시작 후 공을 몇 개 던지지도 않은 바우어의 손에서 피가 줄줄 흘렀다. 1회부터 비상사태를 맞은 클리블랜드 불펜은 별 수 없이 이어던지기에 나섰다. 댄 오테로, 제프 맨십, 잭 맥칼리스터, 브라이언 쇼가 망신만 면하자, 너무 크게 지지만 말자는 심정으로 차례로 나섰는데, 어라? 경기가 팽팽하다? 6회 제이슨 킵니스가 토론토 선발 마커스 스트로먼에게 홈런을 뽑으며 되레 클리블랜드가 앞서 나가기 시작했고, 7회부터 전가의 보도 코디 앨런과 앤드류 밀러(순서를 바꿨다)를 내세워 경기를 마무리했다. 통곡의 벽 앞에서 토론토 선수들은 통곡 말고 할 게 없었다. 역대 유일의 3연패 후 4연승 역스윕 시리즈였던 2004년 ALCS 보스턴 레드삭스 대 뉴욕 양키스 시리즈를 떠올리기에는 분위기가 지나치게 일방적이었다. 사실, 2004년에도 뉴욕 양키스가 3연승 할 때까지 분위기는 그랬다. 포스트시즌 야구는 함부로 장담하는 거 아니다.

토론토 블루제이스는 시리즈 내내 선수단 전체가 무겁게 가라앉은 가운데 리더 조시 도널슨과 마이클 손더스가 홈런을 하나씩 기록하며 분전했으나 그 둘을 제외하면 축 늘어진 방망이가 안쓰럽고 무기력했다. 3연패로 몰린 토론토의 마지막 저항은 정규시즌 AL 방어율 1위를 기록한 애런 산체스 선발 경기였다. 클리블랜드 에이스 코리 클루버와의 대결에서 우위를 점하며 2016년 시즌 토론토의 마지막 승리 투수가 된 애런 산체스는 토론토 블루제이스에게 희망의 불씨로 남았다.

4차전에서 잠시 호흡을 고른 클리블랜드 인디언스는 아직도 넘치는 여유로 라이언 메리트, (누구?) 빅리그 선발 등판 경험이 단 한 번인 메리트라는 신인 선수를 선발로 냈다. 트레버 바우어의 1회 강판 못지않은 예측 불허의 순간이었고, 기죽고 풀죽은 토론토 타자들은 잘 모르는 메리트라는 투수 앞에서 방망이로 허공만 갈랐다. 5차전 3-0 블루제이스의 또 무득점 완패였다.

디비전시리즈에 이어 챔피언십시리즈에서 보여준 ALCS MVP 앤드류 밀러의 존재감은 무시무시했다. 앤드류 밀러가 몸만 풀어도 토론토는 공포감에 떨었고, 그의 공을 쳐서 경기를 뒤집는다는 생각 따위는 일찌감치 접어야했다. 시리즈 시작과 마지막을 영봉패로 부끄럽게 끝난 토론토에게 밀러는 악몽이었다.

앤드류 밀러는 시카고에서도 으슬으슬한 공포감을 뿌릴 수 있을까? 19년 만의 월드시리즈 진출, 68년 만의 우승에의 도전. 그 끝에는 무엇이 있을까? 여하간 클리블랜드의 10월은 너무나 달콤했다.

| NLCS 내셔널리그 챔피언십시리즈

• 시카고 컵스 대 LA 다저스
[4승 2패 시카고 컵스 승]
시카고 컵스 8-4 LA 다저스
LA 다저스 1-0 시카고 컵스
LA 다저스 6-0 시카고 컵스
시카고 컵스 10-2 LA 다저스
시카고 컵스 8-4 LA 다저스
시카고 컵스 5-0 LA 다저스
MVP 존 레스터(투수, 시카고 컵스), 하비에르 바에즈(2루수, 시카고 컵스)

2016년 포스트시즌의 양상은 AL의 경우, 일방적인 흐름, NL은 접전으로 전개되었다. 즉, NL의 포스트시즌이 훨씬 재미있었다. 재미있는 포스트시즌 시리즈란 한 경기가 끝나면 "이 팀이 이기겠는데?" 하다가도 다음 경기 종료 후에는 "아닌데, 저 팀이 이길 거 같아."라며 계속 흐름과 생각이 뒤집히는 야구가 벌어지는 시리즈를 말한다. 난 주관도 뚜렷하고 의지가 강한 사람이지만 가을 야구는 그런 나를 흔든다.

이리저리 뒤죽박죽 흔들흔들.

　시카고 컵스와 LA 다저스가 맞붙은 내셔널리그 챔피언십시리즈 1차
전이 시작하기 무섭게 덱스터 파울러, 크리스 브라이언트, 제이슨 헤
이워드, 하비에르 바에즈가 LA 다저스 선발 켄타 마에다를 상대로 안
타를 마구 쏟아내며 2회 만에 3득점에 성공하자 '역시 시카고 컵스가
유리한 시리즈다'라는 생각이 들었다. 하지만 서부의 강팀 LA 다저스
는 순순히 물러서지 않았다. 투수와 수비는 버틸 줄 알았고, 공격은
추격을 멈추지 않았다. 마침내 8회 초 다저스의 중심 타자 애드리안
곤잘레스의 적시타로 3-3 동점을 만드는 데 성공했다. 서부 1위 LA
다저스는 충분히 강하다. 하지만 1차전의 승부처가 된 8회 말, 상황은
다시 바뀌었다. 정규시즌부터 디비전시리즈까지 큰 몫을 해 온 LA 다
저스의 든든한 불펜 투수 조 블랜튼이 흔들렸고, 만루 찬스에서 투수
아롤디스 채프먼 타석에 대타로 나온 미겔 몬테로에게 통한의 대타 만
루 홈런을 허용했다. 1차전은 8-4, 시카고 컵스의 완승이었다. 한 경기
에서만 세 번이나 생각이 경기의 양상에 따라 이리저리 흔들렸다. 시
카고 컵스가 이기고 월드시리즈에 갈 것 같다.

　이어진 2, 3차전, LA 다저스 선발 투수인 클레이튼 커쇼의 7이닝 2안
타 무실점, 3차전 선발 리치 힐의 6이닝 2안타 무실점 호투와 켄리 잰
센의 마무리 지원 속에 LA 다저스가 두 경기 연속 완봉승을 거두었
다. 시리즈 2승 1패 LA 다저스 리드. 시카고 컵스 타자들이 예상보다
훨씬 더 커쇼와 힐의 공에 약해 보였다. LA 다저스가 이기겠군, 생각
은 또 바뀌었다. 2차전 1회부터 4차전 3회까지 21이닝 무득점에 그친
시카고 컵스의 위기였다. 특히 3차전 시카고 컵스의 제이크 아리에타(5

이닝 6안타 4실점 2피홈런)와 LA 다저스 리치 힐(6이닝 2피안타 무실점) 선발 대결 결과, 아리에타의 완패는 다저스 쪽으로 무게 중심이 이동하는 것으로 봐도 좋은 장면이었다. 2015년 사이영상 수상자이며, 2016년 유일의 노히트 투수인 제이크 아리에타를 무너뜨린 야스마니 그랜달과 저스틴 터너의 홈런은 강렬했다. 슬슬 염소의 저주라는 단어가 떠오르더니 머릿속을 맴맴 돌기 시작했다.

또 다시 반전. 4차전 LA 다저스 20살 선발 투수 훌리오 유리아스는 떨리는 마음으로 마운드에 올랐고, 결과적으로 시카고 컵스 타자들의 타격감을 끌어올려준 투수가 되고 말았다. 시카고 컵스의 주력 선수 애디슨 러셀과 앤쏘니 리조는 유리아스에게 홈런을 빼앗았고 이 홈런 두 방은 시카고 컵스가 다시 본궤도로 올라왔음을 알리는 신호탄이 되었다. 특히 샌프란시스코와 디비전시리즈 15타수 1안타 타율 .067에 이어 LA 다저스와 챔피언십시리즈 1, 2차전 8타수 무안타, 합계 23타수 1안타로 극도의 부진에 빠져있던 시카고 컵스 3번 타자 앤쏘니 리조는 답답한 마음에 로스터에 이름을 올리지 못한 동료 맷 시저의 방망이를 빌려서 들고 나왔고 묘하게도 그때부터 안타와 홈런이 나오기 시작했다. 자주 바뀌는 바람의 방향 탓일까 아니면 갈대 같은 내 마음이 문제일까. 이제는 누가 이길지 정말 모르겠다. 4차전 10대 2 시카고 컵스의 대량 득점과 대승은 분위기를 다시 바꾸었을 뿐 아니라 확실히 시카고 타선에 불을 붙인 효과가 있었다.

5차전 시카고 컵스의 선발 존 레스터는 2016년 시즌 최고의 투수(유력한 사이영상 후보였지만 투표 결과 2위)답게 안정된 7이닝 1실점 투구를 했다. 물론 견제구를 던지지 못하는 징크스를 파고든 다저스 주자들의 질주로 실점을 하긴 했지만 전체적으로 안정된 투구를 이어갔고, 8회 연달아 이어진 시카고 컵스의 행운이 동반된 내야안타에 LA 다저스는 5실점 했다. 차라리 깨끗한 안타였다면 그러지 않았을 텐데, 시카고 컵스의 행운의 내야 안타에 LA 다저스의 수비진과 멘탈이 통째로 흔들렸다. '월드시리즈로 가는 길이 이리도 멀고 험할 줄이야…'라는 탄식이 절로 나왔고 이제는 거꾸로 LA 다저스가 2승 3패로 벼랑 끝에 몰렸다. 이랬다가 저랬다가. 이것이 바로 포스트시즌이다.

운명의 6차전. LA 다저스 선발 투수 클레이튼 커쇼는 첫째로 2010년대 최고의 투수이기도 하며, 둘째로는 가을엔 좀 부진한 에이스이기도 하다. 과연 그 두 가지 모습 중 오늘 어떤 모습이 나올지 각자 이런저런 예상을 내놓긴 했지만 사실 결과는 아무도 몰랐다. 내셔널리그 챔피언십시리즈 6차전에서 클레이튼 커쇼는 LA 다저스 팬들에게 몹시 아쉽게도 결국 두 번째 모습, 가을에는 부진한 에이스의 모습, 5이닝 7피안타 2피홈런 5실점 끝에 6차전 패전 투수로 남았다. 5회 앤쏘니 리조에게 홈런 한 방을 더 맞고 0-5 리드를 허용한 채 마운드를 내려가는 커쇼의 모습은 유난히 쓸쓸해 보였다. 반대편 덕아웃에는 클레이튼 커쇼와 맞대결에서 전혀 주눅 들지 않고 씩씩하게 특유의 느린공을 뿌리며 7.1이닝 2안타 무실점의 놀라운 호투를 보인 2016 NL 방어율 1위에 빛나는 카일 헨드릭스가 있었다. 카일 헨드릭스의 느린 공, 더 느린 공, 느려터진 공에 다저스 타선은 침묵에 빠졌고 조용히 시즌을 마감했다.

LA 다저스는 최근 4년의 시즌 중, 3번이 에이스 클레이튼 커쇼가 패전 투수가 되는 것과 함께 포스트시즌 탈락이 확정되며 시즌이 끝났다. 대부분 야구 경기가 그런 것처럼, 1회부터 실점과 연결된 외야수 실책은 치명적이었고 클레이튼 커쇼의 기운을 쏙 빼앗아 갔다. 패전 투수라는 이유로 클레이튼 커쇼에게 우승 실패의 모든 책임을 묻기엔 커쇼의 역투는 눈물겹다. LA 다저스의 눈물을 뒤로 하고, 시카고 컵스는 염소의 저주가 내려졌던 1945년 이후 처음인 71년 만에 월드시리즈 무대로 향했다. 스포츠를 사랑하는 도시 시카고는 뜨겁게 불타올랐다. 기다려라 염소야!

2016년 메이저리그, 기승전 그리고 시카고 컵스

야구는 인생을 닮았다고 하는데, 그럼 야구에서 우리 인생과 관련하여 무엇을 배우는가? 야구 경기가 시작할 때, 불과 세 시간 후 두 팀 중 어느 팀이 승자가 되는지 모르는 고작 그거 밖에 안되는 게 인생이라는 걸 배운다.

이건 야구에 관한 내 생각이다.

┃ 월드시리즈

• 클리블랜드 인디언스 대 시카고 컵스

[4승 3패 시카고 컵스 승]
클리블랜드 6-0 시카고 컵스
시카고 컵스 5-1 클리블랜드
클리블랜드 1-0 시카고 컵스
클리블랜드 7-2 시카고 컵스
시카고 컵스 3-2 클리블랜드
시카고 컵스 9-3 클리블랜드
시카고 컵스 8-7 클리블랜드 (연장 10회)
MVP 벤 조브리스트(좌익수, 시카고 컵스)

이제는 풀려버린 저주이기 때문에 앞으로는 자주 회자되지 않을 터이니 마지막으로 딱 한 번만 더 말한다. 2016년 우승이 있기 전, 시카고 컵스의 마지막 우승은 조선 시대 순조 임금님 때인 1908년이었다.

무려 한 세기가 넘는 108년만의 감격이었다. 반면에 68년이 지나도록 풀리지 않은 클리블랜드 인디언스의 와후 추장의 저주는 2017년 시즌에 69년째로 접어들게 되었다. 메이저리그 30개 구단 중 가장 긴 저주를 풀기 위해 앞으로 몇 년이 필요할지 아무도 모른다.

시카고 컵스의 108년 염소의 저주와 클리블랜드 인디언스의 68년 와후 추장의 저주가 월드시리즈에서 만났다. 2016년 월드시리즈가 끝나면 한쪽은 마침내 길었던 저주를 풀고 활짝 웃겠지만, 다른 한 편은 저주가 훨씬 더 깊어질 것이며 다시 68년 아니면 다시 108년을 기다려야 할지 모른다는 불안감이 엄습해왔다.

다시 108년이라⋯.

이건 말도 안 된다. 반드시 풀어야 한다. 시카고 컵스 팬들이 파란색 W가 큼직하고 선명하게 새겨진 깃발을 미친 듯이 흔들 수밖에 없었다. 이거라도 안하면 정말 미칠 것만 같았다. 염소야 물렀거라!

무슨 소리냐. 지긋지긋하기로 따진다면 68년도 마찬가지다. 살아생전 평생에 한 번 우리 홈팀이 우승하는 감격을 누린 사람이 별로 없기는 108년이나 68년이나 매한가지다. 1948년 대한민국 정부 수립의 해가 클리블랜드 인디언스의 마지막 우승의 해다. 순조 임금님이고 염소고 뭐고 클리블랜드의 우승을 향한 열망은 결코 덜하지 않다. 클리블랜드의 마지막 월드시리즈는 19년 전인 1997년이었다. 당시 플로리다 말린스(현 마이애미 말린스)에게 7차전 연장 11회 끝내기로 월드시리즈 우승을 넘겨준, 쓰리고 아픈 패배였다. 생각만으로 부르르 치가 떨리고 아쉽다. 이리도 절박한 월드시리즈가 또 있었나 싶은 월드시리즈였다.

결론 먼저,

월드시리즈는 최종 7차전까지 갔고, 7차전은 연장 승부를 벌였으며, 7차전 최종 점수는 8-7 케네디 스코어(정작 야구의 고향 미국에는 이런 말이 없다고 알려져 있다)였다. 그렇게 극적으로 염소의 저주가 풀렸다. 시카고 컵스는 108년 만에 월드시리즈 우승을 차지했다.

2016년 5월 클리블랜드 야구 여행

5월, 빈자리가 많은 클리블랜드 프로그레시브 필드

지난 5월 중순 클리블랜드 여행을 간 나는 클리블랜드 인디언스 대 신시내티 레즈 경기를 보기 위해 클리블랜드 홈구장 프로그레시브 필드를 찾았다. 클리블랜드 인디언스의 6월 맹렬한 질주가 시작되기 전이었으며, 당시 클리블랜드는 AL 중부지구 3위에 자리하고 있었다. 경기는 15-6 난타전 끝에 클리블랜드가 이겼는데 야구장은 무척 썰렁했다. 이 날 경기장을 찾은 관중 수는 12,184명이었다. 5개월 후 이곳에서 월드시리즈가 열릴 거라고 상상하기 힘든 분위기였다.

다음 날도 신시내티 레즈와 클리블랜드 인디언스 경기가 예정되어 있었지만, 나는 야구장 대신 NBA 동부 컨퍼런스 결승 1차전 클리블랜드 캐벌리어스 대 토론토 랩터스 농구 경기가 벌어지는 농구장(야구장 바로 옆이다)으로 향했다. 그렇다! 2016년 ALCS(아메리칸리그 챔피언십시리즈) 맞상대 역시 클리블랜드 대 토론토였다.

하위 팀 간의 정규시즌 인터리그 경기보다 포스트시즌 중에서도 동부 결승 1차전이 정확히 68배 재미있었다. 경기를 본 후 지인에게 클리블랜드는 야구는 아닌 것 같다고 말했다. 참 성급한 판단이었다.

클리블랜드 코리 클루버와 시카고 컵스 존 레스터의 에이스 선발 투수 맞대결로 시작된 월드시리즈 1차전은 코리 클루버를 위한 무대였다. 월드시리즈가 열린 경기장도 올스타전에서 승리해 홈 어드밴티지를 획득(2017년 폐지, 승률 높은 팀이 홈 어드밴티지 획득)한 아메리칸리그 팀의 구장인 클리블랜드 홈 경기장인 프로그레시브 필드였다. 챔피언십시리즈를 일찍 끝내고 충분한 휴식을 취해 든든한 클리블랜드 투수진이 주연이었다. 코리 클루버 6이닝 무실점 호투, '불펜의 왕' 앤드류 밀러 2이닝 무실점, 인디언스 공식 마무리 코디 앨런 1이닝 무실점이 합쳐진 완벽한 승리였다.

그리고 또 다른 주연이 있었다. 클리블랜드 무명 포수 로베르토 페레즈가 2홈런 4타점의 신데렐라 같은 활약으로 시카고 컵스 마운드를 박살냈다. 6-0 클리블랜드가 완벽하게 기선을 제압했다. 다음날 벌어진 2차전 클리블랜드 선발 투수는 손가락 부상이 나은 트레버 바우어였다. AL 팀들과 포스트시즌 경기에서는 누가 선발 투수로 나와도 상대가 쩔쩔맸는데, 2016년 시즌 유일한 100승 팀인 시카고 컵스는 확실히 달랐다. 안타가 계속 터졌다. 이번엔 시카고 컵스 선발 투수 제이크 아리에타 그리고 시카고 컵스의 단단한 타선의 완승이었다. 피차 크게 불만 없는 1승 1패로 탐색전에 가까운 2연전을 마치고 장소를 시카고로 옮겨 5전 3선승 시리즈를 다시 시작하는 셈이 되었다.

본격적인 힘겨루기의 3차전, 선발 투수로 클리블랜드 조시 톰린과 시카고 컵스 카일 헨드릭스가 나섰다. 타격전이 벌어지겠군. 하지만 그런 일은 벌어지지 않았다. 월드시리즈 7경기 중 가장 팽팽한 투수전이 되었고, 유일한 1-0 경기였다. 6안타 2볼넷을 허용하고도 실점 하지 않은 불안했던 시카고 컵스 카일 헨드릭스나 2안타 1볼넷만 허락하며 호투한 클리블랜드 조시 톰린이나 똑같이 5회를 넘기지 못하고 마운드를 내려왔다. 둘 다 에이스는 아니니까. 5회 초 시카고 컵스는 저스틴 그림으로 이닝을 넘겼는데, 클리블랜드 인디언스는 5회에 ALCS MVP 앤드류 밀러를 등판 시키는 초강수로 응수했다. '미치도록 이기고 싶다. 절대 질 수 없다!' 의지가 더 강해 보였던 클리블랜드가 결국 찬스를 잡았고 포스트시즌에서 고비마다 달콤하고 짭짤한 안타를 뽑아준 코코 크리습의 7회 결승타로 1-0 진땀나는 승리를 거뒀다.

월드시리즈에 임하는 시카고 컵스 조 매든 감독과 클리블랜드 인디언스 테리 프랑코나 감독의 전략에서 차이는 4차전 선발 투수에서 확연히 드러났다. 시카고 컵스는 네 번째 선발 투수 존 래키가 선발로 등판한 데 반해 클리블랜드는 1차전 선발로 나왔던 코리 클루버가 3일 휴식 후 다시 등판했다. 일상적 휴식을 지킨 4선발 투수와 다소 무리한 에이스의 대결이었고 결과는 무리한 에이스의 완승이었다. 심지어 코리 클루버는 이 경기 결승점이 된 안타까지 쳐냈다. '내가 괜히 에이스인 줄 알아?' 1회 클루버의 실점 후 바로 다음 회 클리블랜드 팀 내 홈런 1위 카를로스 산타나가 동점 홈런을 담장 밖으로 날렸고, 2루수 제이슨 킵니스도 승부를 끝내는 3점 홈런을 8회에 쏘아 올렸다. 시카고 컵스 3루수 크리스 브라이언트는 실책을 두 개나 저지르며 안 그래도 우울하고 심난한 리글리 필드를 자괴감에 빠지게 만들었다. 리글리 필드 주변을 포함한 대도시 시카고 전체 분위기는 말할 수 없이 침울해졌다. 이럴 수가! 3승 1패 클리블랜드 우세다!

시카고 컵스가 염소의 저주를 풀고 108년 만에 우승을 하려면 반드시 3연승을 거두어야만 했다. 2016년 10월이 달착지근한 클리블랜드는 3연패만 당하지 않으면 와후 추장의 저주를 풀고 68년만의 우승을 차지하게 된다. 클리블랜드는 희망에 둥실거렸고, 시카고는 절망의 나락에 빠졌다.

5차전의 선발 투수 매치 업은 시카고 컵스가 일상적인 로테이션을 지킨 에이스 존 레스터, 클리블랜드는 짧은 휴식 후 등장한 하위 로테이션의 트레버 바우어였다. 막판에 몰린 시카고 컵스 존 레스터가 클리블랜드 호세 라미레스에게 먼저 홈런을 맞을 땐 간담이 서늘했다. 클리블랜드가 월드시리즈마저 이렇게 간단하게 끝내나 싶었다. 하지만 시카고 컵스는 강한 팀이었다. 분위기가 더 무거워지기 전 바로 다음 이닝 선두 타자로 나선 시카고 컵스 3루수 크리스 브라이언트가 동점 홈런을 작렬했고, 뒤를 이어 앤쏘니 리조, 멘 조브리스트, 애디슨 러셀이 연이은 안타로 역전에 성공했다. 정규시즌 103승을 거둔 팀은 확실히 다르다.

막판에 몰린 시카고 컵스에게 1점차 승부는 힘겨울 수밖에 없다. 잠깐 다른 투수를 내보냈지만 불안감을 떨치기 힘들었던 조 매든 감독은 7회 일찌감치 마무리 아롤디스 채프먼을 마운드에 올렸다. 30년 전 토니 라루사 감독이 도입하기 시작한 1이닝 마무리 시스템 이후 마치 약속이라도 한 듯 정규시즌엔 거의 불문율처럼 마무리 투수의 1이닝,

아웃 카운트 3개가 굳게 지켜졌고, 포스트시즌과 같은 절박한 상황에 나 가끔 아웃카운트 4개 혹은 최대 5개를 책임지는 마무리 투수들이 있었다. 하지만 절박하기로는 야구 역사상 최고였던 순간, 시카고 컵스 아롤디스 채프먼은 42개의 공을 던지며 8개의 아웃 카운트를 책임지고 경기를 마무리했다. 일단 한고비 넘겼다. 두 경기 더 남았다.

그러고 보니 어느 새 10월도 끝났다. 11월 첫날 클리블랜드로 돌아와 계속된 월드시리즈 6차전은 1회부터 3득점이 나왔다. 크리스 브라이언트의 선제 홈런까지는 그럴 수 있다는 분위기였는데 이후 애디슨 러셀의 높이 뜬 타구를 우익수 로니 치즌홀이 '어, 어, 어' 하다 2루타로 만들며 추가 2실점 한 것이 뼈아팠다. 상대편 시카고 컵스 마운드에는 제이크 아리에타가 대기하고 있었기 때문이다. 오호라 3점. 엄청나게 큰 선물이다. 애디슨 러셀은 3회에 클리블랜드 구원 투수 댄 오테로를 상대하는 첫 타자로 나와 클리블랜드 프로그레시브 필드 중월 담장을 훌쩍 넘어가는 그랜드슬램, 만루 홈런을 폭발시켰다.

포스트시즌 내내 좋은 피칭을 해오던 조시 톰린(10월 포스트시즌 3경기 2승 무패 방어율 1.76)은 일찍 무너지고, 월드시리즈 내내 컨디션이 좋지 않아 보였던 2016년 NL MVP 크리스 브라이언트는 2경기 연속 홈런으로 힘을 냈으며, 불꽃을 던지는 시카고 마무리 투수 아롤디스 채프먼은 5, 6차전에서 무려 4이닝 62구 투구를 했다. 승부는 3승 3패 원점으로 돌려진 가운데, 뭔가 예감이 심상치 않았다.

운명의 월드시리즈 7차전. 희망과 불길한 예감이 마구 뒤섞여 있었고, 자신감과 초조함이 뭐가 뭔지도 모르게 가슴을 떨리게 했다.

플레이 볼! 경기 시작과 동시에 시카고 컵스 첫 타자 덱스터 파울러가 홈런을 쳤다. 클리블랜드 에이스 코리 클루버가 허용한 1회 초 선두 타자 홈런을 시작으로 야구 한 경기에서 나올 수 있는 거의 모든 상황이 다 현실이 되어 눈앞에 펼쳐졌다. 세상에, 이럴 수가….

무려 월드시리즈 7차전에서 1루 견제사를 당하며 찬스를 날린 라미레스가 있었고, 하비에르 바에즈의 실책 2개를 포함해 시카고 컵스는 월드시리즈 7차전 기록지에 실책 3개를 남겼고, 시카고 컵스 3루수 크리스 브라이언트는 짧은 외야 플라이에도 홈에 뛰어들었으며, 리조의 짧은 안타에도 홈에 쇄도하는 과감한 베이스 러닝도 선보였다.

결국 1차전, 4차전에서 호투했던 클리블랜드의 에이스 코리 클루버는 4이닝 4실점이라는 악몽에 가까운 결과를 남기고 7차전 마운드에서 일찍 내려왔고, 뒤이어 올라온 앤드류 밀러도 월드시리즈 최종전이자 본인의 은퇴 경기에 나선 데이비드 로스에 홈런을 허용하는 등 2실점을 더하며 정상이 아니었다. 11월 2일의 클리블랜드 선수들은 지쳐 있었다.

멀쩡하지 않기는 시카고 컵스도 만만치 않았다. 선발 투수 카일 헨드릭스에 이어 에이스 존 레스터가 5회 구원으로 마운드에 올랐고, 폭투 하나에 2실점 하는 보기 드문 장면을 하필 월드시리즈 7차전에서 만들었다.

어쨌거나 3점차인 상황. 시카고 컵스 특급 마무리 아롤디스 채프먼이 경기를 마무리 하러 나왔다. 그런데 채프먼은 8회 말 무명 브랜든 가이어에게 불의의 홈런을 허용했을 뿐 아니라 라자이 데이비스에게 극적인 8회 말 동점 홈런마저 허용했다. 야구가 미쳤다. 9회 초를 시작하려는데 경기는 6 대 6 동점이고, 클리블랜드 코리 클루버, 앤드류 밀러, 시카고 컵스 존 레스터, 아롤디스 채프먼 등 믿을만한 투수들은 더 남아있지 않았다. 어리둥절, 어떻게 되는 거지?

결국 9회에는 양 팀 모두 득점에 실패하며 경기는 연장으로 넘어갔는데 거기에 진정한 반전이 기다리고 있었다. 후두둑후두둑 늦가을 차가운 비가 클리블랜드 지역에 내렸고, 경기는 우천순연 상태가 되었다(에라, 모르겠다). 하지만 비는 월드시리즈 7차전의 뜨거운 열기를 모두 식혀버릴 만큼은 아니었고 경기는 이내 계속되었다.

연장 10회는 어지러운 7차전의 연장답게 선제공격에 나선 시카고 컵스가 월드시리즈 MVP 벤 조브리스트와 포수 미겔 몬테로의 적시타로 2득점했다. 하지만 10회 말 공격에 나선 클리블랜드도 마냥 무기력하게 물러서진 않았다. 108년 묵은 한을 풀겠다는데 이 정도 난관이야 당연한 거 아니겠어? 다시 클리블랜드 라자이 데이비스가 적시타를 터뜨리며 시카고 컵스를 턱밑까지 추격, 압박했지만 2016년 시즌 마지막 투수 시카고 컵스 마이크 몽고메리가 마지막 타자 마이클 마르티네스를 3루 땅볼로 잡아내며 아득하게 길고 길었던 승부는 8-7 시카고 컵스 승리로 막을 내렸다.

시카고 컵스가 2016년 월드시리즈 승자가 되었다. 108년 만에 우승을 차지했다. 진짜 마지막으로 한 번만 더 말하면 조선시대 순조 재임기인 1908년 이후 108년 만에 감격의 우승을 차지했다. 1945년 디트로이트 타이거즈와 치르던 시카고 컵스의 마지막 월드시리즈에서 염소와 함께 입장하려던 관중이 입장을 거부당하자 퍼부었던 염소의 저주도 풀렸다.

프로그레시브 필드에서 68년만의 우승을 기다렸던 인디언스 팬들은 추적추적 내리는 빗속에 쭈그리고 앉아 또 몇 년을 기다려야 하나 망연자실한 표정으로 경기장만 응시하고 있었다. 승자의 환호와 기쁨의 눈물, 패자의 한숨과 회한의 눈물이 뒤엉킨 채 2016년 메이저리그 야구는 모두 끝났다. 끝!

2016

MAJOR LEAGUE
BASEBALL

부록

2016년 메이저리그
순위 및 주요 기록

2016년 메이저리그 정규시즌 최종 순위

	American League	National League
동부지구	**보스턴 레드삭스** 93승 69패 .574	**워싱턴 내셔널스** 95승 67패 .586
	볼티모어 오리올스 89승 73패 .549	**뉴욕 메츠** 87승 75패 .537
	토론토 블루제이스 89승 73패 .549	마이애미 말린스 79승 82패 .491
	뉴욕 양키스 84승 78패 .519	필라델피아 필리스 71승 91패 .438
	탬파베이 레이스 68승 94패 .420	애틀란타 브레이브스 68승 93패 .422
중부지구	**클리블랜드 인디언스** 94승 67패 .584	**시카고 컵스** 103승 58패 .640
	디트로이트 타이거즈 86승 75패 .534	세인트루이스 카디널스 86승 76패 .531
	캔자스시티 로얄스 81승 81패 .500	피츠버그 파이어리츠 78승 83패 .484
	시카고 화이트삭스 78승 84패 .481	밀워키 브루어스 73승 89패 .451
	미네소타 트윈스 59승 103패 .364	신시내티 레즈 68승 94패 .420

	American League	National League
서부지구	**텍사스 레인저스** 95승 67패 .586	**LA 다저스** 91승 71패 .562
	시애틀 매리너스 86승 76패 .531	**샌프란시스코 자이언츠** 87승 75패 .537
	휴스턴 애스트로스 84승 78패 .519	콜로라도 로키스 75승 87패 .463
	LA 에인절스 74승 88패 .457	샌디에이고 파드레스 69승 93패 .426
	오클랜드 애슬레틱스 69승 93패 .426	애리조나 다이아몬드백스 68승 94패 .420

2016년 메이저리그 부문별 수상자

- **MVP**

American League	National League
마이크 트라웃(LA 에인절스)	크리스 브라이언트(시카고 컵스)

- **사이영상**

American League	National League
릭 포셀로(보스턴 레드삭스)	맥스 슈어저(워싱턴 내셔널스)

- **신인상**

American League	National League
마이클 풀머(디트로이트, 투수)	코리 시거(LA 다저스, 유격수)

- **감독상**

American League	National League
테리 프랑코나(클리블랜드 인디언스)	데이브 로버츠(LA 다저스)

• 골드글러브

	American League	National League
투수	달라스 카이클(휴스턴)	잭 그레인키(애리조나)
포수	살바도르 페레즈(캔자스시티)	버스터 포지(샌프란시스코)
1루수	미치 모어랜드(텍사스)	앤쏘니 리조(시카고 컵스)
2루수	이안 킨슬러(디트로이트)	조 패닉(샌프란시스코)
3루수	애드리안 벨트레(텍사스)	놀란 아레나도(콜로라도)
유격수	프란시스코 린도어(클리블랜드)	브랜든 크로포드(샌프란시스코)
좌익수	브렛 가드너(뉴욕 양키스)	스탈링 마르테(피츠버그)
중견수	케빈 키어마이어(탬파베이)	엔더 인시아테(애틀란타)
우익수	무키 베츠(보스턴)	제이슨 헤이워드(시카고 컵스)

• 실버슬러거

	American League	National League
포수	살바도르 페레즈(캔자스시티)	윌슨 라모스(워싱턴)
1루수	미겔 카브레라(디트로이트)	앤쏘니 리조(시카고 컵스)
2루수	호세 알투베(휴스턴)	다니엘 머피(워싱턴)
3루수	조시 도널슨(토론토)	놀란 아레나도(콜로라도)
유격수	잰더 보가츠(보스턴)	코리 시거(LA 다저스)
외야수	마이크 트라웃(LA 에인절스)	찰리 블랙몬(콜로라도)
외야수	무키 베츠(보스턴)	요에니스 세스페데스(뉴욕 메츠)
외야수	마크 트럼보(볼티모어)	크리스티안 옐리치(마이애미)
지명타자	데이비드 오티스(보스턴)	
투수	제이크 아리에타(시카고 컵스)	

2016년 메이저리그 월간 MVP, 투수, 신인

• 월간 MVP

월	AL	NL
4	매니 마차도(볼티모어)	브라이스 하퍼(워싱턴)
5	재키 브래들리 주니어(보스턴)	다니엘 머피(워싱턴)
6	호세 알투베(휴스턴)	윌 마이어스(샌디에이고)
7	무키 베츠(보스턴)	다니엘 머피(워싱턴)
8	개리 산체스(뉴욕 양키스)	크리스 브라이언트(시카고 컵스)
9	미겔 카브레라(디트로이트)	프레디 프리먼(애틀란타)

• 투수

월	AL	NL
4	조던 짐머맨(디트로이트)	제이크 아리에타(시카고 컵스)
5	리치 힐(오클랜드)	클레이튼 커쇼(LA 다저스)
6	대니 살라자르(클리블랜드)	존 레스터(시카고 컵스)
7	저스틴 벌랜더(디트로이트)	스티븐 스트라스버그(워싱턴)
8	코리 클루버(클리블랜드)	카일 헨드릭스(시카고 컵스)
9	릭 포셀로(보스턴)	존 레스터(시카고 컵스)

- 신인

월	AL	NL
4	노마 마자라(텍사스)	트레버 스토리(콜로라도)
5	노마 마자라(텍사스)	스티븐 매츠(뉴욕 메츠)
6	타일러 네이킨(클리블랜드)	코리 시거(LA 다저스)
7	타일러 네이킨(클리블랜드)	라이언 심프(샌디에이고)
8	개리 산체스(뉴욕 양키스)	트레이 터너(워싱턴)
9	라이언 힐리(오클랜드)	트레이 터너(워싱턴)

2016년 메이저리그 포스트시즌 경기 결과

- AL 와일드 카드

  토론토 블루제이스 5-2 볼티모어 오리올스

- NL 와일드 카드

  샌프란시스코 자이언츠 3-0 뉴욕 메츠

- AL 디비전시리즈

  텍사스 레인저스 vs 토론토 블루제이스 **[토론토 3승]**

  클리블랜드 인디언스 vs 보스턴 레드삭스 **[클리블랜드 3승]**

- NL 디비전시리즈

  시카고 컵스 vs 샌프란시스코 자이언츠 **[시카고 컵스 3승 1패]**

  워싱턴 내셔널스 vs LA 다저스 **[LA 다저스 3승 2패]**

- AL 챔피언십시리즈

  클리블랜드 인디언스 vs 토론토 블루제이스 **[클리블랜드 4승 1패]**

- NL 챔피언십시리즈

  시카고 컵스 vs LA 다저스 **[시카고 컵스 4승 2패]**

- 2016년 월드시리즈

  클리블랜드 인디언스 vs 시카고 컵스 **[시카고 컵스 4승 3패]**

2016년 메이저리그 주요 기록 - 타자

• 타율: 3할 이상

American League

호세 알투베(휴스턴)	- **타율 .338** 안타 216 출루율 .396
무키 베츠(보스턴)	- 타율 .318 안타 214 출루율 .363
더스틴 페드로이아(보스턴)	- 타율 .318 안타 201 출루율 .376
미겔 카브레라(디트로이트)	- 타율 .316 안타 188 출루율 .393
마이크 트라웃(LA 에인절스)	- 타율 .315 안타 173 출루율 .441
데이비드 오티스(보스턴)	- 타율 .315 안타 169 출루율 .401
호세 라미레스(클리블랜드)	- 타율 .312 안타 176 출루율 .363
J. D. 마르티네스(디트로이트)	- 타율 .307 안타 141 출루율 .373
유넬 에스코바(LA 에인절스)	- 타율 .304 안타 157 출루율 .355
엘비스 앤드루스(텍사스)	- 타율 .302 안타 153 출루율 .362
프란시스코 린도어(클리블랜드)	- 타율 .301 안타 182 출루율 .358
애드리안 벨트레(텍사스)	- 타율 .300 안타 175 출루율 .358

National League

D. J. 르메이휴(콜로라도)	- **타율 .348** 안타 192 출루율 .416
다니엘 머피(워싱턴)	- 타율 .347 안타 184 출루율 .390
조이 보토(신시내티)	- 타율 .326 안타 181 출루율 .434
찰리 블랙몬(콜로라도)	- 타율 .324 안타 187 출루율 .381
진 세구라(애리조나)	- 타율 .319 안타 203 출루율 .368
스탈링 마르테(피츠버그)	- 타율 .311 안타 152 출루율 .362
코리 시거(LA 다저스)	- 타율 .308 안타 193 출루율 .365
야디어 몰리나(세인트루이스)	- 타율 .307 안타 164 출루율 .360
라이언 브론(밀워키)	- 타율 .305 안타 156 출루율 .365
마틴 프라도(마이애미)	- 타율 .305 안타 183 출루율 .359

J. T. 레알무토(마이애미)   - 타율 .303 안타 154 출루율 .343
프레디 프리먼(애틀란타)   - 타율 .302 안타 178 출루율 .400

• 홈런: 30홈런 이상

American League

마크 트럼보(볼티모어)	- **홈런 47** 타점 108 타율 .256
넬슨 크루즈(시애틀)	- 홈런 43 타점 105 타율 .287
에드윈 엔카나시온(토론토)	- 홈런 42 타점 127 타율 .263
브라이언 도지어(미네소타)	- 홈런 42 타점 99 타율 .268
크리스 데이비스(오클랜드)	- 홈런 42 타점 102 타율 .247
토드 프레지어(시카고 화이트삭스)	- 홈런 40 타점 98 타율 .225
로빈슨 카노(시애틀)	- 홈런 39 타점 103 타율 .298
데이비드 오티스(보스턴)	- 홈런 38 타점 127 타율 .315
미겔 카브레라(디트로이트)	- 홈런 38 타점 108 타율 .316
크리스 데이비스(볼티모어)	- 홈런 38 타점 84 타율 .221
조시 도널슨(토론토)	- 홈런 37 타점 99 타율 .284
매니 마차도(볼티모어)	- 홈런 37 타점 96 타율 .294
에반 롱고리아(탬파베이)	- 홈런 36 타점 98 타율 .273
마이크 나폴리(클리블랜드)	- 홈런 34 타점 101 타율 .239
카를로스 산타나(클리블랜드)	- 홈런 34 타점 87 타율 .259
러그니드 오도어(텍사스)	- 홈런 33 타점 88 타율 .271
애드리안 벨트레(텍사스)	- 홈런 32 타점 104 타율 .300
에반 게티스(휴스턴)	- 홈런 32 타점 72 타율 .251
알버트 푸홀스(LA 에인절스)	- 홈런 31 타점 119 타율 .268
저스틴 업튼(디트로이트)	- 홈런 31 타점 87 타율 .246
무키 베츠(보스턴)	- 홈런 31 타점 113 타율 .318
켄드리스 모랄레스(캔자스시티)	- 홈런 30 타점 93 타율 .263
핸리 라미레스(보스턴)	- 홈런 30 타점 111 타율 .286

카일 시거(시애틀) — 홈런 30 타점 99 타율 .278
브래드 밀러(탬파베이) — 홈런 30 타점 81 타율 .243

National League

크리스 카터(밀워키) — **홈런 41** 타점 94 타율 .222
놀란 아레나도(콜로라도) — **홈런 41** 타점 133 타율 .294
크리스 브라이언트(시카고 컵스) — 홈런 39 타점 102 타율 .292
맷 켐프(샌디에이고/애틀란타) — 홈런 35 타점 108 타율 .268
프레디 프리먼(애틀란타) — 홈런 34 타점 91 타율 .302
제이 브루스(신시내티/뉴욕 메츠) — 홈런 33 타점 99 타율 .250
아담 듀발(신시내티) — 홈런 33 타점 103 타율 .241
앤쏘니 리조(시카고 컵스) — 홈런 32 타점 109 타율 .292
요에니스 세스페데스(뉴욕 메츠) — 홈런 31 타점 86 타율 .280
야스마니 토마스(애리조나) — 홈런 31 타점 83 타율 .272
커티스 그랜더슨(뉴욕 메츠) — 홈런 30 타점 59 타율 .2337
라이언 브론(밀워키) — 홈런 30 타점 91 타율 .305
제드 저코(세인트루이스) — 홈런 30 타점 59 타율 .243

• **타점: 97타점 이상**

American League

데이비드 오티스(보스턴) — **타점 127** 2루타 48 홈런 38
에드윈 엔카나시온(토론토) — 타점 127 2루타 34 홈런 42
알버트 푸홀스(LA 에인절스) — 타점 119 2루타 19 홈런 31
무키 베츠(보스턴) — 타점 113 2루타 42 홈런 31
핸리 라미레스(보스턴) — 타점 111 2루타 28 홈런 30
미겔 카브레라(디트로이트) — 타점 108 2루타 31 홈런 38
마크 트럼보(볼티모어) — 타점 108 2루타 27 홈런 47
넬슨 크루즈(시애틀) — 타점 105 2루타 27 홈런 43
애드리안 벨트레(텍사스) — 타점 104 2루타 31 홈런 32

에릭 호스머(캔자스시티)   - 타점 104 2루타 24 홈런 25
로빈슨 카노(시애틀)   - 타점 103 2루타 33 홈런 39
크리스 데이비스(오클랜드)   - 타점 102 2루타 24 홈런 42
마이크 나폴리(클리블랜드)   - 타점 101 2루타 22 홈런 34
마이크 트라웃(LA 에인절스)   - 타점 100 2루타 32 홈런 29
호세 아브레유(시카고 화이트삭스)   - 타점 100 2루타 32 홈런 25
조시 도널슨(토론토)   - 타점 99 2루타 32 홈런 37
카일 시거(시애틀)   - 타점 99 2루타 36 홈런 30
브라이언 도지어(미네소타)   - 타점 99 2루타 35 홈런 42
에반 롱고리아(탬파베이)   - 타점 98 2루타 41 홈런 36
토드 프레지어(시카고 화이트삭스)   - 타점 98 2루타 21 홈런 40

National League

놀란 아레나도(콜로라도)   - **타점 133** 2루타 35 홈런 41
앤쏘니 리조(시카고 컵스)   - 타점 109 2루타 43 홈런 32
맷 켐프(샌디에이고/애틀란타)   - 타점 108 2루타 39 홈런 35
다니엘 머피(워싱턴)   - 타점 104 2루타 47 홈런 25
아담 듀발(신시내티)   - 타점 103 2루타 31 홈런 33
크리스 브라이언트(시카고 컵스)   - 타점 102 2루타 35 홈런 39
카를로스 곤잘레스(콜로라도)   - 타점 100 2루타 42 홈런 25
제이 브루스(신시내티/뉴욕 메츠)   - 타점 99 2루타 27 홈런 33
조이 보토(신시내티)   - 타점 97 2루타 34 홈런 29

· OPS: .870 이상

American League

데이비드 오티스(보스턴)   - **OPS 1.021** 출루율 .401 장타율 .620
마이크 트라웃(LA 에인절스)   - OPS .991 출루율 .441 장타율 .550
미겔 카브레라(디트로이트)   - OPS .956 출루율 .393 장타율 .563

조시 도널슨(토론토)   - OPS .953 출루율 .404 장타율 .549
호세 알투베(휴스턴)   - OPS .928 출루율 .396 장타율 .531
넬슨 크루즈(시애틀)   - OPS .915 출루율 .360 장타율 .555
J. D. 마르티네스(디트로이트)   - OPS .908 출루율 .373 장타율 .535
무키 베츠(보스턴)   - OPS .897 출루율 .363 장타율 .534
브라이언 도지어(미네소타)   - OPS .886 출루율 .340 장타율 .546
에드윈 엔카나시온(토론토)   - OPS .886 출루율 .357 장타율 .529
로빈슨 카노(시애틀)   - OPS .882 출루율 .350 장타율 .533
애드리안 벨트레(텍사스)   - OPS .879 출루율 .358 장타율 .521
매니 마차도(볼티모어)   - OPS .876 출루율 .343 장타율 .533

National League

다니엘 머피(워싱턴)   - **OPS .985** 출루율 .390 장타율 .595
조이 보토(신시내티)   - **OPS .985** 출루율 .434 장타율 .550
프레디 프리먼(애틀란타)   - OPS .968 출루율 .400 장타율 .569
크리스 브라이언트(시카고 컵스)   - OPS .939 출루율 .385 장타율 .554
찰리 블랙몬(콜로라도)   - OPS .933 출루율 .381 장타율 .552
놀란 아레나도(콜로라도)   - OPS .932 출루율 .362 장타율 .570
앤쏘니 리조(시카고 컵스)   - OPS .928 출루율 .385 장타율 .544
D. J. 르메이휴(콜로라도)   - OPS .911 출루율 .416 장타율 .495
라이언 브론(밀워키)   - OPS .903 출루율 .365 장타율 .538
폴 골드슈미트(애리조나)   - OPS .899 출루율 .411 장타율 .489
맷 카펜터(세인트루이스)   - OPS .885 출루율 .380 장타율 .505
요에니스 세스페데스(뉴욕 메츠)   - OPS .884 출루율 .354 장타율 .530
코리 시거(LA 다저스)   - OPS .877 출루율 .365 장타율 .512

- **안타: 178안타 이상**

American League

호세 알투베(휴스턴)	- **안타 216** BB 60 타율 .338
무키 베츠(보스턴)	- 안타 214 BB 49 타율 .318
더스틴 페드로이아(보스턴)	- 안타 201 BB 61 타율 .318
로빈슨 카노(시애틀)	- 안타 195 BB 47 타율 .298
잰더 보가츠(보스턴)	- 안타 192 BB 58 타율 .294
미겔 카브레라(디트로이트)	- 안타 188 BB 75 타율 .316
매니 마차도(볼티모어)	- 안타 188 BB 48 타율 .294
호세 아브레유(시카고 화이트삭스)	- 안타 183 BB 47 타율 .293
프란시스코 린도어(클리블랜드)	- 안타 182 BB 57 타율 .301
이안 킨슬러(디트로이트)	- 안타 178 BB 45 타율 .288
이안 데스몬드(텍사스)	- 안타 178 BB 44 타율 .285

National League

진 세구라(애리조나)	- **안타 203** BB 39 타율 .319
코리 시거(LA 다저스)	- 안타 193 BB 54 타율 .308
D. J. 르메이휴(콜로라도)	- 안타 192 BB 66 타율 .348
찰리 블랙몬(콜로라도)	- 안타 187 BB 43 타율 .324
다니엘 머피(워싱턴)	- 안타 184 BB 35 타율 .347
마틴 프라도(마이애미)	- 안타 183 BB 49 타율 .305
놀란 아레나도(콜로라도)	- 안타 182 BB 68 타율 .294
조이 보토(신시내티)	- 안타 181 BB 108 타율 .326
프레디 프리먼(애틀란타)	- 안타 178 BB 89 타율 .302

- **도루: 22도루 이상**

American League

라자이 데이비스(클리블랜드)   - **도루 43** 도루자 6 타율 .249

제로드 다이슨(캔자스시티)   - 도루 30 도루자 7 타율 .278

마이크 트라웃(LA 에인절스)   - 도루 30 도루자 7 타율 .315

호세 알투베(휴스턴)   - 도루 30 도루자 10 타율 .338

에드아르도 누네즈(미네소타)   - 도루 27 도루자 6 타율 .296

무키 베츠(보스턴)   - 도루 26 도루자 4 타율 .318

엘비스 앤드루스(텍사스)   - 도루 24 도루자 8 타율 .302

레오니스 마틴(시애틀)   - 도루 24 도루자 6 타율 .247

호세 라미레스(클리블랜드)   - 도루 22 도루자 7 타율 .312

*에드아르도 누네즈: 샌프란시스코 트레이드 후 13도루. 2016년 시즌 총 40개 도루

National League

조나단 비아(밀워키)   - **도루 62** 도루자 18 타율 .285

빌리 해밀턴(신시내티)   - 도루 58 도루자 8 타율 .260

스탈링 마르테(피츠버그)   - 도루 47 도루자 12 타율 .311

헤넌 페레스(밀워키)   - 도루 34 도루자 7 타율 272

진 세구라(애리조나)   - 도루 33 도루자 10 타율 .319

트레이 터너(워싱턴)   - 도루 33 도루자 6 타율 .342

폴 골드슈미트(애리조나)   - 도루 32 도루자 5 타율 .297

디 고든(마이애미)   - 도루 30 도루자 12 타율 .268

트레비스 얀코브스키(샌디에이고)   - 도루 30 도루자 12 타율 .245

윌 마이어스(샌디에이고)   - 도루 28 도루자 6 타율 .259

오두벨 헤레라(필라델피아)   - 도루 25 도루자 7 타율 .286

키온 브록스턴(밀워키)   - 도루 23 도루자 4 타율 .242

*멜빈 업튼 주니어: 샌디에이고 소속 도루 20개, 토론토 소속 도루 7개. 합계 27개

- **20홈런 - 20도루**

마이크 트라웃(LA 에인절스) — 홈런 29 도루 30 타율 .315
호세 알투베(휴스턴) — 홈런 24 도루 30 타율 .338
무키 베츠(보스턴) — 홈런 31 도루 26 타율 .318
이안 데스몬드(텍사스) — 홈런 22 도루 21 타율 .285
진 세구라(애리조나) — 홈런 20 도루 33 타율 .319
폴 골드슈미트(애리조나) — 홈런 24 도루 32 타율 .297
윌 마이어스(샌디에이고) — 홈런 28 도루 28 타율 .259
브라이스 하퍼(워싱턴) — 홈런 24 도루 21 타율 .243
멜빈 업튼 주니어(샌디에이고/토론토) — 홈런 20 도루 27 타율 .238

- **30홈런 - 100타점**

마크 트럼보(볼티모어) — 홈런 47 타점 108 OPS .850
넬슨 크루즈(시애틀) — 홈런 43 타점 105 OPS .915
에드윈 엔카나시온(토론토) — 홈런 42 타점 127 OPS. 886
크리스 데이비스(오클랜드) — 홈런 42 타점 102 OPS .831
로빈슨 카노(시애틀) — 홈런 39 타점 103 OPS .882
데이비드 오티스(보스턴) — 홈런 38 타점 127 OPS 1.021
미겔 카브레라(디트로이트) — 홈런 38 타점 109 OPS .956
마이크 나폴리(클리블랜드) — 홈런 34 타점 101 OPS .800
애드리안 벨트레(텍사스) — 홈런 32 타점 104 OPS .879
앨버트 푸홀스(LA 에인절스) — 홈런 31 타점 119 OPS .780
무키 베츠(보스턴) — 홈런 31 타점 113 OPS .897
핸리 라미레스(보스턴) — 홈런 30 타점 111 OPS .866
놀란 아레나도(콜로라도) — 홈런 42 타점 133 OPS .932
크리스 브라이언트(시카고 컵스) — 홈런 39 타점 102 OPS .939
맷 켐프(샌디에이고/애틀란타) — 홈런 35 타점 108 OPS .803
아담 듀발(신시내티) — 홈런 33 타점 103 OPS .795
앤쏘니 리조(시카고 컵스) — 홈런 32 타점 109 OPS .928

- **3할-30홈런-100타점**

  데이비드 오티스(보스턴)   - 타율 .315 홈런 38 타점 127
  미겔 카브레라(디트로이트)   - 타율 .316 홈런 38 타점 108
  애드리안 벨트레(텍사스)   - 타율 .300 홈런 32 타점 104
  무키 베츠(보스턴)   - 타율 .318 홈런 31 타점 113

- **히트 포 더 사이클**

  프레디 프리먼(애틀란타)
  - 6/15, 홈, 신시내티 레즈(선발 앤서니 디스클라파니), 9-8 승
  라자이 데이비스(클리블랜드)
  - 7/2, 원정, 토론토 블루제이스(선발 마르코 에스트라다), 6-9 패

2016년 메이저리그 주요 기록 - 투수

• 다승: 15승 이상

American League

릭 포셀로(보스턴)   - **22승** 4패 방어율 3.15 223.0이닝
J. A. 햅(토론토)   - 20승 4패 방어율 3.18 195.0이닝
코리 클루버(클리블랜드)   - 18승 9패 방어율 3.14 215.0이닝
데이비드 프라이스(보스턴)   - 17승 9패 방어율 3.99 230.0이닝
크리스 세일(시카고 화이트삭스)   - 17승 10패 방어율 3.34 226.2이닝
저스틴 벌랜더(디트로이트)   - 16승 9패 방어율 3.04 227.2이닝
크리스 틸먼(볼티모어)   - 16승 6패 방어율 3.77 172.0이닝
히사시 이와쿠마(시애틀)   - 16승 12패 방어율 4.12 199.0이닝
콜 해멀스(텍사스)   - 15승 5패 방어율 3.32 200.2이닝
애런 산체스(토론토)   - 15승 2패 방어율 3.00 192.0이닝

National League

맥스 슈어저(워싱턴)   - **20승** 7패 방어율 2.96 228.1이닝
존 레스터(시카고 컵스)   - 19승 5패 방어율 2.44 202.2이닝
자니 쿠에토(샌프란시스코)   - 18승 5패 방어율 2.79 219.2이닝
제이크 아리에타(시카고 컵스)   - 18승 8패 방어율 3.10 197.1이닝
카를로스 마르티네즈(세인트루이스)   - 16승 9패 방어율 3.04 195.1이닝
태너 로아크(워싱턴)   - 16승 10패 방어율 2.83 210.0이닝
호세 페르난데스(마이애미)   - 16승 8패 방어율 2.86 182.1이닝
카일 헨드릭스(시카고 컵스)   - 16승 8패 방어율 2.13 190.0이닝
켄타 마에다(LA 다저스)   - 16승 11패 방어율 3.48 175.2이닝
바톨로 콜론(뉴욕 메츠)   - 15승 8패 방어율 3.43 191.2이닝
제이슨 해멀(시카고 컵스)   - 15승 10패 방어율 3.83 166.2이닝
매디슨 범가너(샌프란시스코)   - 15승 9패 방어율 2.74 226.2이닝

스티븐 스트라스버그(워싱턴)　　　　　　- 15승 4패 방어율 3.60 147.2이닝

- **방어율: 3.40 이하**

  American League

  애런 산체스(토론토)　　　　　　　　- **방어율 3.00** 192.0이닝 WHIP 1.17
  저스틴 벌랜더(디트로이트)　　　　　- 방어율 3.04 227.2이닝 WHIP 1.00
  마사히로 다나카(뉴욕 양키스)　　　- 방어율 3.07 199.2이닝 WHIP 1.08
  코리 클루버(클리블랜드)　　　　　　- 방어율 3.14 215.0이닝 WHIP 1.06
  릭 포셀로(보스턴)　　　　　　　　　- 방어율 3.15 223.0이닝 WHIP 1.01
  J. A. 햅(토론토)　　　　　　　　　　- 방어율 3.18 195.0이닝 WHIP 1.17
  호세 퀸타나(시카고 화이트삭스)　　- 방어율 3.20 208.0이닝 WHIP 1.16
  콜 해멀스(텍사스)　　　　　　　　　- 방어율 3.32 200.2이닝 WHIP 1.31
  크리스 세일(시카고 화이트삭스)　　- 방어율 3.34 226.2이닝 WHIP 1.04
  어빈 산타나(미네소타)　　　　　　　- 방어율 3.38 181.1이닝 WHIP 1.22

  National League

  카일 헨드릭스(시카고 컵스)　　　　- **방어율 2.13** 190.0이닝 WHIP 0.98
  존 레스터(시카고 컵스)　　　　　　- 방어율 2.44 202.2이닝 WHIP 1.02
  노아 신더가드(뉴욕 메츠)　　　　　- 방어율 2.60 183.2이닝 WHIP 1.15
  매디슨 범가너(샌프란시스코)　　　- 방어율 2.74 226.2이닝 WHIP 1.02
  자니 쿠에토(샌프란시스코)　　　　- 방어율 2.79 219.2이닝 WHIP 1.09
  태너 로아크(워싱턴)　　　　　　　- 방어율 2.83 210.0이닝 WHIP 1.17
  호세 페르난데스(마이애미)　　　　- 방어율 2.86 182.1이닝 WHIP 1.12
  맥스 슈어저(워싱턴)　　　　　　　- 방어율 2.96 228.1이닝 WHIP 0.97
  카를로스 마르티네스(세인트루이스)　- 방어율 3.04 195.1이닝 WHIP 1.22
  제이크 아리에타(시카고 컵스)　　　- 방어율 3.10 197.1이닝 WHIP 1.08
  훌리오 테에란(애틀랜타)　　　　　- 방어율 3.21 188.0이닝 WHIP 1.05
  존 래키(시카고 컵스)　　　　　　　- 방어율 3.35 188.1이닝 WHIP 1.06

• 탈삼진: 180K 이상

American League

저스틴 벌랜더(디트로이트)	- **254K** 57BB 방어율 3.04
크리스 세일(시카고 화이트삭스)	- 233K 45BB 방어율 3.34
크리스 아처(탬파베이)	- 233K 67BB 방어율 4.02
데이비드 프라이스(보스턴)	- 228K 50BB 방어율 3.99
코리 클루버(클리블랜드)	- 227K 57BB 방어율 3.14
마이클 피네다(뉴욕 양키스)	- 207K 53BB 방어율 4.82
콜 해멀스(텍사스)	- 200K 77BB 방어율 3.32
릭 포셀로(보스턴)	- 189K 32BB 방어율 3.15
대니 더피(캔자스시티)	- 188K 42BB 방어율 3.51
이안 케네디(캔자스시티)	- 184K 66BB 방어율 3.68
호세 퀸타나(시카고 화이트삭스)	- 181K 50BB 방어율 3.20

National League

맥스 슈어저(워싱턴)	- **284K** 56BB 방어율 2.96
호세 페르난데스(마이애미)	- 253K 55BB 방어율 2.86
매디슨 범가너(샌프란시스코)	- 251K 54BB 방어율 2.74
노아 신더가드(뉴욕 메츠)	- 218K 43BB 방어율 2.60
로비 레이(애리조나)	- 218K 71BB 방어율 4.90
자니 쿠에토(샌프란시스코)	- 198K 45BB 방어율 2.79
존 레스터(시카고 컵스)	- 197K 52BB 방어율 2.44
제이크 아리에타(시카고 컵스)	- 190K 76BB 방어율 3.10
존 그레이(콜로라도)	- 185K 59BB 방어율 4.61
스티븐 스트라스버그(워싱턴)	- 183K 44BB 방어율 3.60

- **이닝당 출루허용: WHIP 1.20 이하**

American League

저스틴 벌랜더(디트로이트)	- **WHIP 1.00** 방어율 3.04 16승 9패
릭 포셀로(보스턴)	- WHIP 1.01 방어율 3.15 22승 4패
크리스 세일(시카고 화이트삭스)	- WHIP 1.04 방어율 3.34 17승 10패
코리 클루버(클리블랜드)	- WHIP 1.06 방어율 3.14 18승 9패
마사히로 다나카(뉴욕 양키스)	- WHIP 1.08 방어율 3.07 14승 4패
마르코 에스트라다(토론토)	- WHIP 1.12 방어율 3.48 9승 9패
대니 더피(캔자스시티)	- WHIP 1.14 방어율 3.51 12승 3패
호세 퀸타나(시카고 화이트삭스)	- WHIP 1.16 방어율 3.20 13승 12패
애런 산체스(토론토)	- WHIP 1.17 방어율 3.00 15승 2패
J. A. 햅(토론토)	- WHIP 1.17 방어율 3.18 20승 4패
조시 톰린(클리블랜드)	- WHIP 1.19 방어율 4.40 13승 9패
제이크 오도리지(탬파베이)	- WHIP 1.19 방어율 3.69 10승 6패
데이비드 프라이스(보스턴)	- WHIP 1.20 방어율 3.99 17승 9패

National League

맥스 슈어저(워싱턴)	- **WHIP 0.97** 방어율 2.96 20승 7패
카일 헨드릭스(시카고 컵스)	- WHIP 0.98 방어율 2.13 16승 8패
존 레스터(시카고 컵스)	- WHIP 1.02 방어율 2.44 19승 5패
매디슨 범가너(샌프란시스코)	- WHIP 1.02 방어율 2.74 15승 9패
훌리오 테에란(애틀란타)	- WHIP 1.05 방어율 3.21 7승 10패
존 래키(시카고 컵스)	- WHIP 1.06 방어율 3.35 11승 8패
제이크 아리에타(시카고 컵스)	- WHIP 1.08 방어율 3.10 18승 8패
쟈니 쿠에토(샌프란시스코)	- WHIP 1.09 방어율 2.79 18승 5패
호세 페르난데스(마이애미)	- WHIP 1.12 방어율 2.86 16승 8패
켄다 마에다(LA 다저스)	- WHIP 1.14 방어율 3.48 16승 11패
노아 신더가드(뉴욕 메츠)	- WHIP 1.15 방어율 2.60 14승 9패
제레미 헬릭슨(필라델피아)	- WHIP 1.15 방어율 3.71 12승 10패

제라드 아이코프(필라델피아)   - WHIP 1.16 방어율 3.65 11승 14패
태너 로아크(워싱턴)   - WHIP 1.17 방어율 2.83 16승 10패
댄 스트레일리(신시내티)   - WHIP 1.19 방어율 3.76 14승 8패
제프 사마자(샌프란시스코)   - WHIP 1.20 방어율 3.81 12승 11패

• 구원: 25세이브 이상

American League

잭 브리튼(볼티모어)   - **47세이브** 0블론 방어율 0.54
프란시스코 로드리게스(디트로이트)   - 44세이브 5블론 방어율 3.24
샘 다이슨(텍사스)   - 38세이브 5블론 방어율 2.43
데이비드 로버슨(시카고 화이트삭스)   - 37세이브 7블론 방어율 3.47
알렉스 콜로메(탬파베이)   - 37세이브 3블론 방어율 1.91
로베르토 오수나(토론토)   - 36세이브 6블론 방어율 2.68
코디 알렌(클리블랜드)   - 32세이브 3블론 방어율 2.51
크렉 킴브럴(보스턴)   - 31세이브 2블론 방어율 3.40
라이언 매드슨(오클랜드)   - 30세이브 7블론 방어율 3.62
웨이드 데이비스(캔자스시티)   - 27세이브 3블론 방어율 1.87
스티브 시섹(시애틀)   - 25세이브 7블론 방어율 2.81

National League

쥬리스 파밀리아(뉴욕 메츠)   - **51세이브** 5블론 방어율 2.55
마크 멜란슨(피츠버그/워싱턴)   - 47세이브 4블론 방어율 1.64
켄리 잰센(LA 다저스)   - 47세이브 6블론 방어율 1.83
A. J. 라모스(마이애미)   - 40세이브 3블론 방어율 2.81
젠마 고메스(필라델피아)   - 37세이브 6블론 방어율 4.85
산티아고 카시아(샌프란시스코)   - 31세이브 9블론 방어율 3.57
제레미 제프리스(밀워키)   - 27세이브 1블론 방어율 2.22
페르난도 로드니(샌디에이고/마이애미)   - 25세이브 3블론 방어율 3.44

- **노히트 게임**

  제이크 아리에타(시카고 컵스)

  - 4/21, 원정, 신시내티 레즈(선발 브랜든 피너간), 16-0 승